하나님의 길

헨리 블랙가비 · 로이 에지먼 지음
전의우 옮김

요단

하나님의 길

2008년 4월 30일 | 제1판 1쇄 발행

지은이 | 헨리 블랙가비 · 로이 에지먼
옮긴이 | 전의우
펴낸이 | 안병창
펴낸데 | 요단출판사

주 소 | 158-053 서울특별시 양천구 목3동 605-4
편 집 | (02) 2643-9155
영 업 | (02) 2643-7290~1   Fax (02) 2643-1877
등 록 | 1973. 8. 23. 제13-10호

ⓒ 요단출판사 2008

기 획 | 이종덕   편 집 | 하정희 장용미 황혜정
디자인 | 한기획   제 작 | 박태훈 권아름
영 업 | 김창윤 정준용 김민승 이영은

정 가 9,000원
ISBN 978-89-350-1129-2 03230

이 책의 한국어판 저작권은 요단출판사가 소유하고 있습니다.
출판사의 사전 승인 없이 책의 내용이나 표지 등을 복제, 인용할 수 없습니다.

요단인터넷서점 www.jordanbook.com

The Ways of
GOD

Henry T. Blackaby
Roy T. Edgemon

Originally published in English under the title:
The ways of God: how God reveals himself before a watching world
Copyright © 2000 by Henry T. Blackaby and Roy T. Edgemon
All rights reserved
Published by Broadman & Holman Publishers,
Nashville, Tennessee

Korean Edition Copyright © 2008 by Jordan Press
605-4 Yangcheongoo, Moak 3 dong
Seoul, Korea

하나님의 길 **목차**

- 06 저자 서문
- 08 서론
- 12 1장 하나님의 길은 우리의 길과 다르다
- 44 2장 하나님의 길은 사랑이다
- 78 3장 하나님의 길은 주권적이다
- 110 4장 하나님의 길은 거룩하다
- 144 5장 하나님의 길은 진리다
- 186 6장 하나님의 길은 영원하다
- 213 그룹 스터디 가이드

저자 서문

1989년 로이 에지먼(Roy Edgemon)은 찰리 검문소를 지나 베를린의 공산 진영으로 들어갔다. 검문소를 지나 동베를린으로 들어가는 것은 쉬웠다. 그는 여권을 제시했으며 동독 화폐로 환전을 했다. 그는 여행자로서 자유로운 자신과 그렇지 못한 동독 주민의 처절하게 대조적인 모습에 놀랐으며, 악명 높은 베를린 장벽 한 쪽에서 가난에 찌든 공산 진영의 상태를 보며 다시 한 번 놀랐다. 이런 상황에서 누가 무엇을 할 수 있었겠는가?

베를린 장벽이 세워진 것은 1961년이었으며, 베를린의 자유 진영을 동독과 분리하기 위해서였다. 그 후 수많은 사람들이 이 장벽 위 또는 아래로 넘어가려다 죽거나 체포되었다. 면도칼처럼 날카로운 철조망과 장벽 위에 설치된 기관총이 로이의 눈에 들어왔다. 물론 이것들은 공산 진영 주민들의 탈출을 막기 위한 수단이었다.

서방 국가들은 이 끔찍한 죽음과 분리의 장벽을 무너뜨리려고 오랫동안 온갖 노력을 기울였다. 그런데 갑자기 그 장벽과 목적에 금이 가기 시작했다. 동독 사람들이 장벽을 허물기 시작했으나 총알은 날아오지 않았다. 텔레비전과 신문은 베를린 장벽이 무너지고 있다는 소식을 온 세계에 전하였다.

장벽 양쪽에 있는 사람들이 증오의 벽을 허물기 시작했다. 베를린 장벽을 허문 것은 전쟁이나 전쟁의 위협이 아니었다. 베를린 장벽을 허문 것은 스파이와 음모로 대변되는 냉전이 아니었다. 베를린 장벽을 허문 것은 외교 전략이나 회담이 아니었다. 수천 명이 기도함으로 하나님이 그분의 주권적인 때에 베를린 장벽을 허무셨다. 하나님의 손이 아니고서는 이 역사적인 사건을 달리 설명할 길이 없다. 외교와 심지어 위협으로도 이룰 수 없는 일을 하나님이 이루셨다!

군대가 지키는 견고한 베를린 장벽을 민간인들이 그것도 평화적으로 허물었다고 생각해 보라. 베를린 장벽은 그 옛날 여리고 성벽처럼 영원할 것 같았다. 하나님은 그분만의 방법으로 두 벽을 모두 허무심으로 자신을 나타내셨다. 하나님이 우리의 장애물을 제거하시는 목적은 자신을 우리와 주변 사람들에게 계시하기 위함이다. 자신을 세상에 계시하는 것이 하나님의 길 가운데 하나다.

당신이 이 책을 읽는 중에 성령께서 성경 말씀으로 살아 움직이시며, 하나님의 길은 우리의 길과 다르다는 것을 깨닫게 하시길 바란다. 그러나 하나님이 살아계시고 우리를 통해 일하신다면 그분만이 만들어내실 수 있는 것이 분명 있을 것이다. 하나님의 본성과 길이 우리를 변화시켜 그분을 더 닮아가게 할 것이기 때문이다.

저자 서문

서론

하나님의 길은 우리의 길과 다르다. 창세기부터 요한계시록까지 모두 훑어보면 하나님이 항상 당신이나 나와는 다르게 움직이신다는 것을 발견할 것이다. 그러나 거듭거듭, 하나님은 그분의 백성을 통해 일하시면서 그분의 목적을 이루려하신다. 하나님의 백성이 그분의 목적을 그분과 함께 이루길 원한다면 그분의 본성과 길을 반드시 알아야 한다.

사업가라면 적어도 비즈니스의 원칙과 관련된 세미나를 들어보았을 것이다. 비전 품기, 목적과 목표 정하기, 우선 순위 정하기 등에 관해 들어보았을 것이다. 이것이 세상이 일하는 방식이다. 그러나 하나님이 일하시는 방식은 아니다.

당신이나 나라면 성벽으로 둘러싸인 여리고를 어떻게 공략했겠는가?(수 6:1-5) 기회가 되었다면 군사 전략가에게 전화하거나 성 공략법을 다룬 최신 도서를 읽었을 것이다. 세계적인 통치자들에게 승리하는 법에 관해 조언도 구했을 것이다. 어쩌면 신무기도 시험해보았을 것이다.

하나님은 어떤 방법으로 여리고를 무너뜨리려 하셨는가? 여호수아 6장에서, 하나님은 이스라엘의 지도자 여호수아에게 여리고를 이미 그들의 손에 붙이셨다고 말씀하셨다. 하나님은 여리고를 이미 이스라엘의 손에 주셨으며, 이스라엘은 오직 그분만이 준비하실 수 있었던 방법으로 여리고를 손에 넣었다.

The Way of GOD// 하나님의 길

하나님은 여리고를 이스라엘에게 주실 때 그 땅과 거민들에게 자신을 계시하는 방법으로 주셨다. 하나님이 자신을 계시하는 방법 가운데 하나는 그분의 백성이 그분이 주신 땅에 들어가 그 땅을 취하게 하는 것이었다. 그러나 하나님의 백성은 먼저 하나님이 참으로 자신들보다 앞서 가신다는 것을 믿어야 했다. 하나님은 "가서…제자를 삼으라"는 그리스도의 명령에서 비슷한 말씀을 하지 않으셨는가?(마 28:19-20) 하나님은 명령하실 때마다 그 명령을 이루는 데 필요한 것을 이미 주셨다. 그러나 우리는 "보이지 않는 것들을 확신하면서" 실제로 행해야 한다(히 11:1-2). 하나님을 믿는 믿음이 하나님의 길 가운데 하나다. 하나님은 믿음을 무시하면서 일하시지 않는다. 그러므로 하나님의 백성은 그분의 명령에 따라야 한다.

가나안 땅을 취하라는 하나님의 명령은 또 다른 하나님의 길을 보여준다. 하나님은 그분의 행동으로만 성공할 수 있는 방법을 사용하셨다. 하나님은 여호수아에게 이스라엘 군대가 여리고성을 엿새동안 하루에 한 바퀴씩 돌게 하라고 명령하셨다. 제사장들이 나팔을 불면서 앞장서고 그 뒤로 거룩한 언약궤가 따르게 하라고 명령하셨다. 일곱 째 날에는 일곱 바퀴를 돌고, 마지막에는 나팔 소리가 길게 울릴 때 온 백성이 큰 소리로 외치라고 하셨다. 그러면 여리고성이 무너지리라고 하셨다.

이스라엘은 공성(攻城) 망치와 긴 사다리를 사용할 수도 있었다. 인간의 경험과 추론은 인간의 방법을 선택하게 한다. 이스라엘은 그렇게 할 수도 있었다. 그러나 그렇게 했다면 하나님의 목적을 놓쳤을 것이다. 하나님의 목적은 여리고를 취하는 게 아니었다. 하나님의 첫째 목적은 가나안 모든 왕의 마음에, 그분에 대한 두려움을 심는 것이었다. 그러면 그분의 백성이 가나안 땅 전체를 차지할 것이기 때문이다. 하나님이 여리고를 치셨을 때 가나안 왕들이 두려워했던 것은 이스라엘이 아니었다. 그들이 두려워한 것은 이스라엘의 하나님이었다. 그들은 이스라엘의 하나님이 여리고를 무너뜨리셨다는 것을 전혀 의심하지 않았다. 이것이 하나님의 목적이었다. 하나님은 그분의 백성과 함께 일하시는 방법을 통해 자신을 열방에 계시하기로 미리 목적하셨다.

하나님은 세상의 방법을 사용하지 않기로 의도적으로 선택하신다. 이는 그분이 어떤 차이를 일으키시는지 세상이 알게 하기 위해서다. 그러나 우리는 때로 세상의 방법에 집착한다. 우리는 세상의 방법을 하나님 나라에 적용하려 하며 이를 통해 하나님께 영광을 돌리려 할 때가 있다. 그러나 하나님은 이런 방법으로 일하시지 않는다. 하나님의 목적은 그저 하나의 일을 성취하는 게 아니라 먼저 자신을 세상에 계시하셔서 세상이 그분을 알게 하고 그분께로 이끄는 것이다. 이 책은 바로 이것에 관한 것이다. 이것이 하나님의 길이다.

서론

01 (하나님의 길은 우리의 길과 다르다)

이는 내 생각이 너희의 생각과 다르며 내 길은 너희의 길과 다름이니라 여호와의 말씀이니라 이는 하늘이 땅보다 높음같이 내 길은 너희의 길보다 높으며 내 생각은 너희의 생각보다 높음이니라

이사야 55:8-9

세상의 창조자요 통치자이신 하나님은 영원하며 가장 높은 분이다. 그분은 주권적인 하나님이다. 우리는 육체를 가진 인간이며, 하나님은 그분을 섬기도록 우리를 창조하시고 시간 속에 두셨다. 하나님의 길이 우리의 길과 다르다는 것은 전혀 놀라운 게 아니다. 놀라운 것은 우리가 하나님과 우리의 차이를 너무나 자주 무시하거나 놓쳐버린다는 것이다. 우리가 그분과 우리의 차이 가운데 중요한 요소, 즉 죄를 간과한다는 것도 그렇게 놀라운 일은 아니다.

죄는 하나님의 길로 행하지 못하거나 그분의 길을 따르지 않겠다고 선택하는 것이다. 죄는 모두에게 영향을 미쳤다(롬 3:23). 그러므로 본성적으로, 경건한 길을 가는 사람은 없다. 우리는 자신만의 문화와 사회를 세우며 신앙 안에서도 그렇게 한다. 우리는 하나님의 말씀을 영원한 진리의 다림줄로 보지 않고 오래되었건 새것이건 간에 전통을 토대로 쉽게 비판하고 선택한다.

하나님의 길이 우리의 길과 다르다면 그분의 길을 어떻게 알 수 있는가? 성경은 하나님의 말씀이 그분의 길을 배우는 데 어떻게 도움이 되는지 가르쳐준다. 어떤 사람들은 성경구절을 본래의 문맥에서 떼어 사용하는 경향이 있다. 이들이 선택한 모든 구절은 진리일 것이다. 그러나 그 구절의 전후 문맥을 모른다면 그 구절의 의미를 제대로 이해할 수 없다.

14 하나님은 우리가 그분을 이용할 수 있게 하신다

이사야 55장 6-11절은 아주 유익한 단락이다. 이 단락은 "여호와를 만날 만한 때에" 그분을 찾으라고 말한다. 우리가 하나님을 이용할 수 있게 하는 것이 그분의 길(방법) 가운데 하나이기 때문이다. 그 다음으로, 우리는 이 단락 전체를 연결하는 접속사를 보게 된다. 이 접속사는 대부분의 번역에서 나타나며(한글 번역에서는 나타나지 않는다) 우리의 연구에 하나의 문맥을 제공한다. 그 접속사는 "왜냐하면"(for)이다. 성경에서 접속사가 나타날 때마다 방금 읽는 내용이 바로 앞의 내용에 기초한다는 것을 알아야 한다. 읽으려는 부분과 이미 읽은 부분을 연결하지 않고는 읽으려는 부분을 이해할 수 없다.

너희는 여호와를 만날 만한 때에 찾으라

가까이 계실 때에 그를 부르라

악인은 그의 길을, 불의한 자는 그의 생각을 버리고

여호와께로 돌아오라

그리하면 그가 긍휼히 여기시리라

우리 하나님께로 돌아오라 그가 너그럽게 용서하시리라

"왜냐하면" 내 생각이 너희의 생각과 다르며

내 길은 너희의 길과 다름이니라

15

이는 하늘이 땅보다 높음 같이 내 길은 너희의 길보다 높으며

내 생각은 너희 생각보다 높음이니라

이는 비와 눈이 하늘로부터 내려서

그리로 되돌아가지 아니하고

땅을 적셔서 소출이 나게 하며

싹이 나게 하여 파종하는 자에게는 종자를 주며

먹는 자에게는 양식을 줌과 같이

내 입에서 나가는 말도 이와 같이 헛되이 내게로 되돌아오지 아니하고

나의 기뻐하는 뜻을 이루며 내가 보낸 일에 형통함이니라.

(사 55:6-11)

이사야 55장 6절은 우리가 언제든지 원하는 때에 여호와를 찾을 수 있는 게 아니라고 말한다. 당신은 우리가 언제든지 하나님을 이용할 수 있다고 말할지 모른다. 그렇다면 성경을 보면서 생각을 바꾸기 바란다. 이스라엘이 하나님을 찾았으나 하나님은 너무 늦었으며 그들의 기도를 듣지 않겠다고 말씀하신 순간들이 있었다(렘 11:14; 사 63:17). 신약성경에서도 이 말씀은 그대로 적용된다. 예를 들면, 예수님은 예루살렘이 그분을 메시아로 받아들지 못하는 것을 보고 우셨다. "너도 오늘 평화에 관한 일을 알았더라면 좋을 뻔하였거니와 지금 네 눈에 숨겨졌도다…이는 네가 보살핌 받는 날을 알지 못함을 인함이니라"(눅 19:42, 44). 하나님을 막연히 믿지 말라. 그분의 길은 우리의 생각과 다르다. 그분의 길을 알며, 성경이 그분의 길

에 대해 무엇이라고 말하는지 아는 게 중요하다. 이것이 우리의 생명이다.

하나님을 만날 만한 때에 그분을 찾아야 한다는 것은 하나님을 찾을 수 없을 때가 있다는 것을 암시한다. 이것은 하나님이 거기 계시지 않는다는 뜻인가? 그렇지 않다. 이것은 하나님이 우리의 기도를 듣고 응답하시려면 반드시 선행되어야 할 게 있다는 뜻이다.

이 단락에서 "왜냐하면"에 이어지는 부분은 하나님의 생각은 우리의 생각과 다르며 그분의 길은 우리의 길과 다르다고 말한다. 우리가 하나님께로 돌아가며 그분의 자비와 용서를 받을 수 있도록 하나님을 부르고 악한 길과 생각을 버려야하는 것도 바로 이 때문이다. 하나님은 이사야 55장 9절에서 이렇게 말씀하신다.

> 하늘이 땅보다 높음 같이
> 내 길은 너희의 길보다 높으며
> 내 생각은 너희 생각보다 높음이니라

그러나 이 말씀의 의미를 이해하려면 하나님의 말씀과 생각이 필연적으로 낳는 결과, 곧 심오한 원인과 결과라는 정황에서 이 말씀을 보아야 한다. 그러면 믿을 수 없을 만큼 놀라운 진리를 깨닫게 될 것이다.

하나님은 용서하신다

17

하나님의 길에 관한 성경의 표현은 모두 인간의 길과는 대립하는 것으로 보인다. 인간적인 생각에 빠진 베드로는 지혜로운 선생님이자 좋은 친구를 잃는 게 두려워 예수님의 희생을 필사적으로 막으려 했다. 베드로는 예수님이 십자가를 지시지 못하게 하려 했다(마 16:22-23). 십자가는 하나님의 길이었다. 베드로의 길은 하나님의 길이 아니었다. 약속된 메시아는 다시 살아나셔서 자신을 믿을 모든 사람에게 영생을 주시려고 희생의 죽음을 택하셨다.

이사야는 악인이 하나님께 돌아올 때 하나님은 긍휼을 베푸시며 아무런 조건 없이 용서하실 것이라고 했다(사 55:7). 이 구절은 긍휼이 하나님의 또 다른 길이라는 것을 보여준다. 긍휼은 언제나 우리를 겸손하게 한다. 그러나 은혜는 우리를 겸손하게 하지 않는다. 우리는 실제로 우리에게 합당한 것이 무엇인지 알고 하나님이 엄청난 대가를 지불하고 그 형벌을 우리에게서 제거하셨다는 것을 알면서도 겸손하지 않은 채 이렇게 생각한다. '하나님, 제가 무슨 짓을 하든지 항상 거기 계셔서 저를 도와주려 하시니 감사합니다.' 하나님은 거기 계시지만 우리의 죄와 무관하게 우리에게 복을 주시지는 않을 것이다. 성경 전체가 분명히 말하듯이, 이것은 결코 하나님의 길이 아니다. 우리가 마음에 계속 죄를 품으면 하나님은 우리의 기도를 듣지 않으실 것이다(시 66:18).

18

우리를 기꺼이 용서하시려는 것이 하나님의 길 가운데 하나임은 분명하다. 용서는 하나님의 사랑을 보여준다. 그러나 우리는 하나님의 긍휼과 자비에 초점을 맞추어야 함에도 하나님의 은혜에 초점을 맞출 때가 많다. 은혜는 긍휼에서 나오며 긍휼은 회개에서 나온다. 우리의 죄를 고백하는 것은 하나님의 뜻에 맞다. 회개할 때, 즉 고백한 죄에서 돌이킬 때, 하나님은 우리에게 긍휼을 베푸신다. 회개는 또한 하나님이 심판을 보류하시고 그분의 의를 펴서 우리의 죄를 덮으시리라는 것을 믿는다는 뜻이기도 하다. 하나님은 그분의 긍휼로 우리를 기꺼이 용서하시며 우리가 마땅히 받아야 하는 형벌을 제거하려 하신다. 하나님의 은혜는 우리가 받을 자격이 없는 것을 우리에게 준다. 바로 심판의 면제다. 하나님이 우리를 용서하시는 것은 용서가 그분의 길이기 때문이다.

사도 바울의 삶은 성경에 나타난 하나님의 은혜와 사랑을 보여주는 무척 좋은 예다. 바울은 인생의 전반기를 사울로 살았다. 그러다가 나중에 바울이 되었다. 사울의 신학은 완전히 잘못된 것이었다. 그는 예수님에 대해 심한 편견을 갖고 있었으며 기독교 운동을 강하게 반대했다. 사울은 맹목적인 열심으로 그리스도인들을 핍박했다. 그는 스데반을 돌로 쳐죽이는 데 동의했으며 교회를 위협했다.

그러다가 다메섹으로 가는 길에 예수님을 만났고 그분의 음성을 들었다. "사울아 사울아 네가 어찌하여 나를 박해하느냐?" "주님 누구시니이까?" "나는 네가 박해하는 예수라"(행 26:14-15). 사울은 종교적인 삶을 살았으나 하나님과 평화하지 못했다. 그는 나중에 이렇게 말했다. "율법의 행위로써는 의롭다 함을 얻을 육체가 없느니라"(갈 2:16). 예수님은 그의 삶의 갈망에 즉시 응답하셨다. 사울은 회개하고 예수님께 순종했다.

사울이 스데반에게 그리고 그가 핍박한 그 밖의 사람들에게 한 행동에 대해 어떻게 느꼈을지 상상할 수 있겠는가? 심한 가책을 느꼈을 것이다. 그러나 사울이 양심으로 어떤 죄책감을 느꼈든 간에 예수님은 그것을 씻어주셨다. 예수님은 사울에게 결코 들리는 소리로 말씀하지 않으셨을 것이다. 그러나 사울은 자신의 빚이 청산되었고 자신이 용서받았다는 것을 알았다. 과거는 없었던 것처럼 되었다. 나중에 사울은 새로운 마음으로 살라고 바울이라는 새 이름을 받았다.

시편 103편 10-12절이 노래하는 하나님의 용서의 은혜를 보라.

우리의 죄를 따라 우리를 처벌하지는 아니하시며

우리의 죄악을 따라 우리에게 그대로 갚지는 아니하셨으니

이는 하늘이 땅에서 높음 같이

그를 경외하는 자에게 그의 인자하심이 크심이로다

동이 서에서 먼 것 같이

우리의 죄과를 우리에게서 멀리 옮기셨으며

예수님은 은혜가 우리를 어떻게 자유하게 하는지도 말씀해주셨다. "너희가 내 말에 거하면 참으로 내 제자가 되고 진리를 알지니 진리가 너희를 자유롭게 하리라…진실로 진실로 너희에게 이르노니 죄를 범하는 자마

다 죄의 종이라. 종은 영원히 집에 거하지 못하되 아들은 영원히 거하나니 그러므로 아들이 너희를 자유롭게 하면 너희가 참으로 자유로우리라"(요 8:31-32, 34-36).

하나님은 악에서 돌이키는 자를 널리 용서하겠다고 약속하셨다.

> 이는 비와 눈이 하늘로부터 내려서
> 그리로 되돌아가지 아니하고
> 땅을 적셔서 소출이 나게 하며
> 싹이 나게 하여 파종하는 자에게는 종자를 주며
> 먹는 자에게는 양식을 줌과 같이
> 내 입에서 나가는 말도 이와 같이 헛되이 내게로 되돌아오지 아니하고
> 나의 기뻐하는 뜻을 이루며 내가 보낸 일에 형통함이니라
> (사 55:10-11)

이것은 매우 중요한 진리다. 하나님이 말씀하시면 그대로 된다(사 46:10). 하나님은 스스로 말씀하신 것을 이루실 뜻이 있을 때만 말씀하신다(사 46:11하; 14:24, 27). 이것이 또 다른 하나님의 길이다. 하나님이 말씀하실 때, 그분은 자신이 말씀하시는 것을 이미 이루어가고 계신다.

하나님의 길
: 믿음

　믿음은 하나님이 스스로 하시겠다고 말씀하신 것을 이루시리라는 확신에 찬 기대다. 믿음은 하나님의 말씀을 눈에 보이지 않는 것에 관한 분명한 증거로 받아들이는 것이다(히 11:1). 그러나 믿음은 맹목적이지 않다. 믿음은 우리가 하나님에 대해 아는 것에 기초한다. 믿음으로 사는 삶은 가정과 일터와 교회 봉사에 이르기까지 삶의 모든 부분에 영향을 미친다. 믿음은 하나님의 길이다(히 11:6). 하나님은 그분을 믿으며, 그분에게로 향하며, 그분에게 순종하는 그 사람을 통해 일하려 하신다.

　아브라함은 가장 위대한 믿음의 본을 보인 사람이다. 하나님은 그분을 믿는 아브람의 믿음을 기초로 그와 언약을 맺으셨다(창 12:1-3). 아브라함의 본래 이름은 아브람이었으나 하나님은 그가 열국의 아비가 되리라는 것을 보여주시려고 그의 이름을 아브라함으로 바꾸셨다. 하나님은 아브람이 그분을 순종하고 신뢰하면 자신이 아브람의 하나님이 되시겠다고 말씀하셨다. 아브람이 하나님의 지시를 따라 새로운 땅과 새로운 삶을 향해 떠날 때 그의 나이 75세였다(창 12:5).

　아브라함의 믿음은 하나님이 받으실만한 모든 믿음의 패턴이 되었으며 하나님은 아브라함의 믿음을 의로 여기기까지 하셨다(창 15:6). 아브라함의 선한 행위조차도 하나님이 보시기에는 아무 것도 아니었다. 그러나 하나님은 순종으로 표현된 아브라함의 믿음을 의로 여기며 귀하게 여기셨다(롬 4:1-3).

로마서 4장 20-22절은 아브라함이 잔인해 보이는 아이러니에 직면할 때가 많았다고 말한다. 예를 들면, 아브라함은 아들을 약속 받았으나 생식력이라는 관점에서 볼 때 그의 몸은 "죽은 것과 같았다"(롬 4:19). 그러나 아브라함은 믿음으로 약속을 받았다. "믿음이 없어 하나님의 약속을 의심하지 않고 믿음으로 견고하여져서 하나님께 영광을 돌리며 약속하신 그것을 또한 능히 이루실 줄을 확신하였으니 그러므로 그것이 그에게 의로 여겨졌느니라"(롬 4:20-22).

다윗도 시편 25편에서 이러한 믿음을 표현했다. 다윗은 자신의 영혼을 하나님께 맡기면서 이렇게 외쳤다.

> 나의 하나님이여 내가 주께 의지하였사오니…
>
> 여호와여 주의 도를 내게 보이시고
>
> 주의 길을 내게 가르치소서
>
> 주의 진리로 나를 지도하시고 교훈하소서
>
> 주는 내 구원의 하나님이시니
>
> 내가 종일 주를 기다리나이다
>
> (시 25:2, 4-5)

다윗의 부르짖음은 하나님의 길을 알고 싶어하는 모든 사람들의 부르짖음이기도 하다. 하나님은 그분을 경외하는 자에게 그분의 길을 가르치실 것이다. 하나님은 그분을 경외하는 자에게 그분의 비밀을 가르쳐주시며 그분의 언약을 보여주실 것이다. 하나님의 강한 능력을 경외하고 신뢰하는 자들만이 그분과의 언약을 통해 가능한 관계를 가질 수 있다(시 25:12-14). 하나님에 대한 신뢰가 인간이 서로에게서 경험하는 가장 큰 신뢰보다 더 크고, 더 높고, 더 확실하다. 하나님에 대한 신뢰는 하나님의 본성에 기초한다.

하나님의 길
: 거룩

거룩은 또 다른 하나님의 길이다. 하나님의 임재가 거룩을 결정한다. 하나님이 임재하시는 자리는 어디나 신성하며 거룩하며 구별되며 그분의 목적을 위해 완전히 드려진 곳이다. 우리는 일상 생활에 들어설 때 우리의 일터가 매우 세속적이라는 것을 발견한다. 그러나 하나님이 우리 안에 계시면 일터는 그분의 임재로 거룩해진다. 하나님의 임재는 그분의 백성 하나하나 속에 살아 있으며, 하나님이 임재하시는 곳은 어디나 거룩하다(겔 36:26-27).

하나님은 떨기나무 불꽃 가운데서 모세를 만나실 때 모세가 서 있는 바로 그 자리는 거룩한 곳이니 신을 벗으라고 말씀하셨다(출 3:4-6). 왜 그곳이 거룩했는가? 하나님이 거기 계셨기 때문이다. 하나님의 임재는 하나님의 거룩을 동반하며 또한 하나님은 그분의 임재 속에서 그분의 축복의 능력으로 그분의 백성을 채우신다. 우리는 다른 신자들과 함께 모일 때마다 하나님의 임재를 의식해야 한다.

하나님은 우리의 삶의 어디에 계시는가? 우리의 몸이 살아계신 하나님의 성령이 거하시는 성전이라는 것을 깨닫고 있는가? 우리가 어디에 있든지 하나님이 우리 안에 계신다는 것을 깨닫고 있는가? 하나님이 계신 곳은 어디나 거룩하다는 것을 깨닫고 있는가? 우리가 서 있는 곳은 어디나 거룩하다. 이것이 사실인 것은 우리가 거기 있기 때문이 아니라 하나님이 우리 안에서 그곳에 계시기로 선택하셨기 때문이다. 사람들은 그리스도인을 만날 때마다 하나님을 만난다. 우리는 신자들을 만날 때마다, 하나님의 임재를 담고 있는 사람의 얼굴을 대할 때마다, 하나님의 임재에 압도되어야 한다. 우리의 삶이 축복의 능력으로 가득 차야 하는 것도 바로 이 때문이다. 우리가 누구와 함께 있느냐는 중요하지 않다. 하나님이 거기 계시기 때문이다. 하나님은 그분의 백성의 삶 속에 복을 주시기로 선택하실 수 있다.

거룩은 하나님의 백성을 구별한다. 이사야 선지자는 이렇게 말했다.

> 웃시야 왕이 죽던 해에 내가 본즉
> 주께서 높이 들린 보좌에 앉으셨는데
> 그의 옷자락은 성전에 가득하였고
> 스랍들이 모시고 섰는데 각기 여섯 날개가 있어
> 그 둘로는 자기의 얼굴을 가리었고

> 그 둘로는 자기의 발을 가리었고
>
> 그 둘로는 날며 서로 불러 이르되
>
> 거룩하다 거룩하다 거룩하다 만군의 여호와여
>
> 그의 영광이 온 땅에 충만하도다
>
> (사 6:1-3)

요한계시록 4장에서, 예수님의 제자인 요한은 하늘로 이끌려 올라갔을 때 하나님의 거룩에 관한 똑같은 장면을 보았으며 똑같은 노래를 들었다. 거룩은 구별, 즉 평범한 것으로부터의 분리를 동반한다. 그러나 거룩은 단지 여기에 그치는 게 아니다. 성경은 하나님 존재 자신이 거룩하다고 가르친다. "하나님이 그의 거룩하심으로 말씀하시되"(시 60:6). 하나님은 그분의 말씀에서도 거룩하시다.

거룩은 죄에서 분리되는 것에 불과한 게 아니다. 오히려 거룩은 하나님의 도덕적 탁월함이다. 언젠가, 멀리서 보면 조지 워싱턴의 사진처럼 보이도록 기록된 미합중국 헌법에 관해 들은 적이 있다. 이러한 시각적인 환영(幻影)과 함께 우리는 말의 의미 속에서 사람들의 성품을 본다는 것을 알 수 있다. 생명의 헌법은 하나님의 말씀, 곧 성경이다. 성경은 하나님의 성품을 보여주는 초상화다. 하나님의 성품은 그분의 도덕법을 담고 있다. 이것은 십계명으로 요약된다.

십계명의 글자 하나하나에 명암을 주어 하나님의 얼굴이 나타나도록 한다면 그분의 거룩을 보여주는 형상이 나타날 것이다. 거룩한 삶은 금

26

욕적이거나 침울한 삶이 아니라 하나님의 진리로 사는 삶이다. 거룩한 삶을 산다는 것은 세상에 살지만 세상의 기준을 뛰어넘어 산다는 것을 의미한다. 우리의 삶을 예수님께 전적으로 드릴 때만 이렇게 살 수 있다. 바울은 이렇게 말했다. "너희는 하나님으로부터 나서 그리스도 예수 안에 있고 예수는 하나님으로부터 나와서 우리에게 지혜와 의로움과 거룩함과 구원함이 되셨으니"(고전 1:30).

하나님의 길
: 진리

성경은 하나님을 가리켜 진리의 하나님이라고 말한다(사 65:16). 하나님은 본질상 진리시기 때문에 그분이 말씀하시는 모든 것, 그분이 약속하시는 모든 것, 그분이 하시는 모든 것은 진리다. 하나님이 진리시라면 그분은 우리가 신뢰하고 의지할 분이다. 진리는 하나님의 길이며 우리를 생명으로 인도한다.

주의 증거들은 영원히 의로우시니

나로 하여금 깨닫게 하사 살게 하소서

(시 119:144)

하나님의 말씀은 다른 모든 말과 행동의 척도다. 시편기자는 이렇게 말했다.

> 내가 주의 법을 어찌 그리 사랑하는지요
> 내가 그것을 종일 작은 소리로 읊조리나이다
> 주의 계명들이 항상 나와 함께 하므로
> 그것들이 나를 원수보다 지혜롭게 하나이다
> (시 119:97-98)

하나님의 말씀은 진리다. 따라서 그것은 죄와 하나님의 진리가 얼마나 다른지 깨닫게 해주며, 하나님을 믿고 따르는 자들에게 풍성한 삶을 보증한다.

이와는 반대로, 진리가 아닌 것은 모두 거짓이다. 거짓을 따르는 결과는 진리를 따를 때와는 정반대다. 거짓을 따른 결과는 죽음이다. 창세기 3장은 진리를 받아들이고 적용하는 것이 거짓을 믿는 것과 얼마나 다른지 잘 보여준다. 창세기 3장은 죄가 처음으로 하나님의 사람들 가운데로 들어오는 모습을 보여준다. 하나님은 이렇게 말씀하셨으나 뱀의 형상을 한 사단은 저렇게 말했다. 아담과 하와는 누가 진리를 말하고 있는지 결정해야 했다. 하나님을 믿고 그분에게 순종하는 것은 생명을 의미했다. 뱀에게 순종하는 것은 죽음을 의미했다.

28

그런데 뱀은 여호와 하나님이 지으신 들짐승 중에 가장 간교하니라 뱀이 여자에게 물어 이르되 하나님이 참으로 너희에게 동산 모든 나무의 열매를 먹지 말라 하시더냐 여자가 뱀에게 말하되 동산 나무의 열매를 우리가 먹을 수 있으나 동산 중앙에 있는 나무의 열매는 하나님의 말씀에 너희는 먹지도 말고 만지지도 말라 너희가 죽을까 하노라 하셨느니라 뱀이 여자에게 이르되 너희가 결코 죽지 아니하리라 너희가 그것을 먹는 날에는 너희 눈이 밝아져 하나님과 같이 되어 선악을 알 줄 하나님이 아심이니라 여자가 그 나무를 본즉 먹음직도 하고 보암직도 하고 지혜롭게 할 만큼 탐스럽기도 한 나무인지라 여자가 그 열매를 따 먹고 자기와 함께 있는 남편에게도 주매 그도 먹은지라

(창 3:1-6)

진리
선택

예수님은 그분을 믿고 그분의 가르침을 지키는 자들은 참으로 그분의 제자가 되고 진리를 알게 되리라고 하셨다(요 8:31-32). 예수님은 이들에게 그 결과를 말씀하셨다. 진리가 그들을 자유케하리라는 것이었다. 하나님은 본질상 진리시기 때문에 그분의 모든 말씀은 진리이며 믿을 수 있

다. 하나님이 말씀하신 것을 알고 그분을 믿는다면 하나님의 길 안에서 자유롭게 사는 완전한 자유를 경험할 것이다.

요한복음 17장 17-20절에서, 예수님은 진리는 구별하며 분리한다고 말씀하셨다. 다시 말해, 진리는 거룩하게 한다. 예수님은 자신이 진리라고 말씀하셨다(요 14:6). 그러므로, 예수님의 제자들은 그분에게 순종하여 세상으로 나갈 때 구별된 자로 나갈 수 있었다. 이들은 지켜보는 세상 앞에서 모든 믿는 자를 자유하게 할 진리를 보여주었다.

예수님은 진리인 것과, 편리하거나 인기 있거나 매혹적인 것 사이에 한 쪽을 선택해야 하는 딜레마를 제시하셨다. 마태복음 7장 13-14절에서, 예수님은 죽음으로 인도하는 길은 넓어 많은 사람들이 선택한다고 말씀하셨다. 그분은 또한 생명으로 인도하는 문과 길은 좁아서 찾는 사람이 적다고 말씀하셨다. 진리는 항상 좁고 구체적이다. 그러나 진리는 생명으로 인도하는 하나님의 길이다.

세상 사람들은 대부분 멸망으로 인도하는 길을 선택한다. 이들은 삶이나 결혼 생활이나 직장 생활 혹은 자녀양육에서 성공을 구한다. 이들은 최고의 삶을 원한다. 이들은 모두가 가는 길을 따라 간다. 그러나 사람들은 대체로 성공으로 인도하는 하나님의 길을 생각하지 못한다. 사람들의 선택이 성공의 냄새를 풍길 때는 많지만 진리의 빛에서 보면 성공이 아니라 실패다. 아담과 하와처럼, 하나님을 믿는 사람은 누구든지 어느 쪽이 진리를 말하고 있는지 결정해야 한다. 하나님이냐 세상이냐? 하나님이 말씀하신 것을 무시하면 결코 생명을 맛보지 못한다. 하나님이 이들에게 왜 진리의 좁은 길을 떠났느냐고 물으실 때 각자는 자신의 믿음없음에 대해 해명해야 할 것이다.

하나님은 아브람에게 아들을 주시겠다고 말씀하셨다. 이것은 그저 희망 섞인 말이 아니었다. 하나님이 말씀하신 것은 그대로 이루어진다. 하나님이 그분의 말씀을 언제 어떻게 이루실 것인가는 오로지 그분에게 달려 있었다. 5년이 걸리더라도, 아브람은 아들을 얻게 될 것이다. 그러나 그 5년 동안, 아브람은 하나님이 약간의 도움이 필요하실지 모른다고 생각했다. 그래서 하갈이라는 여종을 택해서 아들을 낳았다(창 16:1-15). 하나님은 불신앙으로 태어난 아이가 영원한 다툼거리가 되리라고 하셨다(창 16:12). 불신앙은 심각하다. 하나님이 심각하게 여기시는 것을 가볍게 여기지 말라. 하나님만이 진리시다. 하나님이 말씀하시는 것은 언제나 진리다. 예외란 없다.

진리의 합리화

인간은 진리를 합리화하길 아주 좋아한다. 아담과 하와는 하나님의 계명에 불순종하여 금단의 열매를 먹었을 때 이러한 합리화에 귀를 기울였다. 역사 내내, 계속해서 인간은 하나님의 분명한 가르침을 재해석했다. 신약성경은 하나님의 법을 기록하고 해석하는 자들인 서기관과 바리새인이 사람들을 오도하고 혼란스럽게 하는 온갖 종류의 해석을 만들어냈다고 말한다. 예수님은 이러한 지도자들을 꾸짖으시고 이들을 소경을 인도하는 소경에 비유하셨다(마 15:14).

> 그러므로 내가 그들에게 비유로 말하는 것은
>
> 그들이 보아도 보지 못하며
>
> 들어도 듣지 못하며 깨닫지 못함이니라
>
> (마 13:13)

누가복음 11장 33-53절에서, 예수님은 정작 자신은 전혀 지키지 않는 합리화한 율법을 사람들에게 지우는 바리새인들에게 임할 몇 가지 재앙을 열거하셨다. 예수님의 가르침은 그렇지 않았다. 예수님이 하신 말씀은 전부 아버지에게서 직접 나온 것이었다(요 17:6). 예수님은 사람들이 이해하고 순종할 방식으로 말씀하셨다. 예수님이 하나님에 관해 말씀하실 때 사람들은 귀를 기울였다. 예수님을 믿은 사람들은 그분이 말씀하신 그대로 하나님을 경험했다.

예수님은 산상설교에서(마 5-7장), 하나님은 사람들이 무엇을 하길 원하시며 무엇이 되길 원하시는가를 가르치셨다. 무리는 예수님의 가르침에 놀랐다. 예수님은 서기관들처럼 가르치신 게 아니라 진리의 권세로 가르치셨다(마 7:29). 예수님은 진리를 말씀하시는 하나님이셨다. 진리는 그분의 본성이었다.

종교 지도자들은 다른 사람들의 가르침을 그대로 옮겼지만 예수님은 하나님의 음성이었다. 종교 지도자들은 인간의 권세를 인용했지만 예수님은 권세 그 자체이셨다. 종교 지도자들의 가르침은 가지각색이었지만, 예수님은 분명하고 명확한 가르침이었다. 종교 지도자들은 연구를 제안했지만 예수님은 진리에 대한 통찰을 주셨다. 종교 지도자들은 하나님의 법과 관련해서 예외를 제시했지만 예수님은 모든 사람에게 적용되는 영원한 원리를 제시하셨다.

예수님은 진정한 삶의 문제를 말씀하셨다. "사람이 만일 온 천하를 얻고도 자기 목숨을 잃으면 무엇이 유익하리요"(막 8:36). 삶이 도대체 무엇이냐고 묻거나 우리의 목표가 무엇이어야 하느냐고 묻는 사람들에게, 예수님은 이미 대답하셨다. "목숨을 위하여 무엇을 먹을까 무엇을 마실까 몸을 위하여 무엇을 입을까 염려하지 말라 목숨이 음식보다 중하지 아니하며 몸이 의복보다 중하지 아니하냐…너희는 먼저 그의 나라와 그의 의를 구하라 그리하면 이 모든 것을 너희에게 더하시리라"(마 6:25, 33). 사람들은 영생에 관해 궁금해했다. 예수님은 이렇게 가르치셨다. "나는 부활이요 생명이니 나를 믿는 자는 죽어도 살겠고"(요 11:25). "내 아버지 집에 거할 곳이 많도다 그렇지 않으면 너희에게 일렀으리라"(요 14:2). 하나님의 아들이시며 "길이요 진리요 생명이신" 예수님이시다(요 14:6). 그분을 믿는 자들은 그분이 말씀하시는 것을 모두 경험한다. 예수님은 진리시다.

하나님 나라의 길
: 비유

하나님에게는 그분의 나라의 길이 있다. 하나님이 만물을 다스리시는 방법은 세상을 다스리는 자들의 방법과 다르다. 예수님은 제자들을 세상의 길에서 하나님 나라의 길로 돌이키는 데 3년 반을 보내셨다. 예수님은 제자들에게 하나님 나라의 비유를 들어 하나님 나라의 길을 가르치셨다.

누룩과 겨자씨 비유

사람들은 세상에서, 계획하며 싸우며 사고 팔며 전략적 우위를 점하여 나라를 세운다. 하나님의 방법은 다르다. "천국은 마치 여자가 가루 서 말 속에 갖다 넣어 전부 부풀게 한 누룩과 같으니라"(마 13:33). 진리는 누룩처럼 완전히, 효과적으로 퍼지며 부푼다는 점에서 그 자체로 생명이 있다. 소량의 누룩이 큰 밀가루 덩어리를 바꿔 놓는다. 마찬가지로, 하나님은 그분의 통치가 순전한 진리에서 퍼져나가 온 땅에 미치며 온 땅을 변화시키리라고 하셨다. 하나님은 그분의 진리를 아기의 모습으로 우리에게 보내셨다. 하나님은 그분을 통해 세상을 변화시키실 것이다. 예수님의 세상 부모는 세상이 보기에는 별 볼일 없었다. 그러나 나사렛에서, 하나님은 이들을 통해 메시아를 온 인류의 구속자요 통치자로 양육하게 하셨다. 누룩은 하나님 나라의 길(방식)이다.

34

> 또 비유를 들어 이르시되 천국은 마치 사람이 자기 밭에 갖다 심은 겨자씨 한 알 같으니 이는 모든 씨보다 작은 것이로되 자란 후에는 풀보다 커서 나무가 되매 공중의 새들이 와서 그 가지에 깃들이느니라
>
> (마 13:31-32)

겨자씨는 비록 작지만 심겨져 자라면 작은 나무가 되고 마침내 새들이 깃드는 큰 나무가 된다(마 13:31-32). 누룩처럼, 세상이 너무 작다고 하찮게 여기는 것이 아주 중요한 것으로 자랄 수 있다. 하나님의 손에서는 너무 작은 것이란 없다. 사실, 하나님의 영광이 나타날 때 하나님은 어리석어 보이는 것을 사용하여 세상의 지혜를 꺾으신다.

알곡과 가라지 비유

예수님은 하나님이 세상에서 그분의 다스림을 어떻게 확대해 나가시는지 제자들이 깨닫도록 씨에 관한 두 비유를 드셨다. 알곡과 가라지 비유는 하나님의 길 가운데 하나를 보여주며, 하나님이 세상에서 그분을 믿는 자들과 악인들을 어떻게 다루시는지를 이해하는 데 도움이 된다(마 13:24-30). 주인이 일꾼에게 잡초를 처리할 방법을 지시한 것처럼 하나님의 방법은 악인을 뽑으려다가 믿는 자까지 뽑아 버리지 않도록 악인을 잠시 내버려 두는 것이다. 그러나 추수 때가 되면 가라지를 뽑아 태워버릴 것이다. 하나님의 백성은 이 가르침을 분명히 이해했을 것이다. 왜냐하면 이 가르침은 너무나 생생하기 때문이다.

> 씨를 뿌리는 자가 뿌리러 나가서 뿌릴 새 더러는 길 가에 떨어지매 새들이 와서 먹어버렸고 더러는 흙이 얕은 돌밭에 떨어지매 흙이 깊지 아니하므로 곧 싹이 나오나 해가 돋은 후에 타서 뿌리가 없으므로 말랐고 더러는 가시떨기 위에 떨어지매 가시가 자라서 기운을 막았고 더러는 좋은 땅에 떨어지매 어떤 것은 백 배, 어떤 것은 육십 배, 어떤 것은 삼십 배의 결실을 하였느니라
>
> (마 13:3-8)

　또 다른 비유에서(마 13:3-8), 씨는 길가에도 떨어지고, 돌밭에도 떨어지고, 가시떨기 위에도 떨어지고, 좋은 땅에도 떨어졌다. 씨는 모두 좋았으나 진리와 마찬가지로 어디에 떨어지든 상관없이 자라는 것은 아니다. 진리를 뿌리는 자가 모두에게 뿌리더라도 어떤 사람들은 진리를 이해하지 못한다. 따라서 새가 길가에 떨어진 씨를 먹어버리듯이 악한 자가 진리를 낚아채 버린다(마 13:19).
　돌밭에 떨어진 씨가 쉽게 싹을 틔우듯이, 때로는 사람들이 기쁨으로 진리를 받아들인다. 그러나 씨와 마찬가지로 진리도 뿌리를 내리지 않으면 환난이나 핍박이 오면 곧 시들어 버린다(마 13:20-21).
　가시떨기에 떨어진 씨처럼, 사람들이 세상의 염려와 재리의 유혹에 휩싸일 때 이들이 받아들인 진리는 질식해 버리고 열매를 맺지 못한다(마 13:22). 그러나 씨가 뿌려진 좋은 땅은 진리를 듣고 깨닫는 사람의 마음과 같다. 이 사람의 삶에서, 진리는 뿌려진 것의 백 배가 넘는 결실을 맺을 것

이며(마 13:23), 결실은 또 풍성한 씨가 되어 다음에 더 많은 결실을 맺을 것이다.

예수님은 하나님이 사람들을 자신에게로 이끄시는 방법을 제자들이 이해하도록 도우셨다. 씨는 하나님의 말씀이었다. 땅은 사람의 마음이다. 모든 것은 사람의 마음 상태에 달렸다. 하나님은 그 누구에게도 믿음을 강요하지 않으신다. 이것이 바로 하나님의 방법이다. 각 사람의 마음 상태에 따라 결과가 결정될 것이다.

과제

하나님 나라에서 섬길 때, 우리의 섬김에는 과제가 뒤따른다. 우리는 가는 곳마다 하나님을 섬길 기회를 얻는다. 모세는 이스라엘 백성을 인도하라는 과제를 받았다. 하나님이 모세에게 주신 과제는 이스라엘 백성이 그분의 길을 볼 수 있는 방식으로 그들을 인도하는 것이었다. 모세는 하나님의 길을 알았으며 하나님의 길을 알지 못했다면, 모세는 자신에게 주어진 과제를 전혀 다르게 이행했을 것이다.

하나님이 그의 행위를 모세에게
그의 행사를 이스라엘 자손에게 알리셨도다

(시 103:7)

이스라엘 백성은 하나님의 길을 알지 못했다. 그러므로 이들은 하나님을 거역했으며 그래도 괜찮을 거라고 생각했다(민 16:3). 몇몇 지도자는 모세를 찾아와 그에게 반기를 들었다. 그러자 모세는 하나님 앞에 나가 이들을 위해 중보했다(민 16:22). 모세는 하나님과 그분의 길을 알기 때문이었다.

모세는 그 누구도 하나님의 길을 거역하고는 무사할 수 없다는 것을 알았다. 이스라엘 백성은 하나님의 행위를 알았으나 하나님의 길은 알지 못했다. 모세는 하나님의 길을 알았기 때문에 백성이 하나님을 거역할 때 그들을 위해 중보했다. 하나님의 길을 아는 것은 죽음이 아니라 생명을 의미했다.

지교회에서도 함께 섬기는 하나님의 백성에게 동일한 책임이 적용된다. 비판하지 말고 중보하라고 하나님이 당신에게 사람을 맡기셨다. 오늘 기도할 때 그에게 최우선 순위를 두라. 당신은 이것이 하나님의 길이라는 것을 안다. 그러므로 그분의 길을 따라 행하라.

죽음의 길

하나님을 거역하는 결과는 죽음이다. 하나님의 길은 생명으로 인도한다. 하나님과 그분의 길을 안다면, 하나님이 우리 가운데 임재하시기 때문에 우리는 주변 사람들에게 영적 안정과 생명의 통로가 될 수 있다(겔 36:27). 우리가 가정이나 교회나 일터에서 영적 지도자라면 지금까지 우리의 자리에는 하나님의 길을 아는 통찰력이 함께 있었을 것이다. 우리는 하나님의 길이 생명을 준다는 것을 알게 될 것이다.

성령께서 우리를 통해 일하시게 하고 있는가? 그렇다면 중간은 없다고 부드럽고도 단호하게 말해야 한다. 부분적인 순종이란 없다. 부분적인 순종은 불순종이다.

하나님의 길과 생각만이 생명을 준다. 시편 56편 13절은 이렇게 말한다.

> 주께서 내 생명을 사망에서 건지셨음이라
> 주께서 나로 하나님 앞,
> 생명의 빛에 다니게 하시려고
> 실족하지 아니하게 하지 아니하셨나이까
> (시 56:13)

시편 119편 144절은 하나님이 생명을 낳는 깨달음을 주신다고 말한다. 시편 116편 8절은 "주께서 내 영혼을 사망에서…건지셨나이다"라고 말한다. 예수님은 요한복음 10장 10절에서 "내가 온 것은 양으로 생명을 얻게 하고 더 풍성히 얻게 하려는 것이라"고 말씀하셨다.

하나님의 길에 등을 돌리거나 그 길을 무시하면 죽음이 따른다. 하나님은 이스라엘 백성에게 선택권을 주셨다. "내가 오늘 하늘과 땅을 불러 너희에게 증거를 삼노라 내가 생명과 사망과 복과 저주를 네 앞에 두었은즉 너와 네 자손이 살기 위하여 생명을 택하고 네 하나님 여호와를 사랑하고 그의 말씀을 청종하며 또 그를 의지하라"(신 30:19-20). 생명을 선택하면 하나님이 태초에 우리를 위해 목적하신 것을 경험할 수 있다.

> 여호와의 도가 정직한 자에게는 산성이요
> 행악하는 자에게는 멸망이니라
> (잠 10:29)

죄는
죄를 낳는다

아담과 하와의 아들 가인은 자신이 가꾼 땅의 소산을 하나님께 드리고 싶었다. 하나님이 원하시는 제물은 희생의 제물이었다. 가인의 소산은 품질이 뛰어났을 것이다. 그러나 하나님이 가치 있게 여기신 것은 가인의 동생 아벨이 짐승을 잡아 드린 순종의 제물이었다. 하나님은 아벨에게 그분의 사랑을 표하셨는데 가인은 크게 분노했다. 그의 부분적인 순종은 불순종이었으며 불순종은 죽음을 가져왔다.

가인은 회개하기는커녕 하나님이 자신의 제사를 받지 않으신 것을 아벨의 순종 탓으로 돌렸다. 가인의 죄는 더 큰 죄를 낳았으며 그는 동생을 죽이고 말았다. 불순종은 죄다. 그것은 경건한 삶이 아니라 더 큰 죄를 낳는다.

인간은 본능적으로 결과가 수단을 정당화해주리라고 말한다. 이것은 치명적인 실용주의다. 하나님의 길은 결과만큼이나 중요하기 때문이다. 우리는 합리적인 이성을 사용하여 하나님의 길을 대신하는 것을 만들어내는 경향이 있다. 또한 하나님께 순종하지 않고 우리가 선택한 친숙한 것을 의지하려고 한다. 이스라엘 백성은 약속의 땅을 향한 여정에서 서로의 관계 속에서 하나님을 섬기는 법을 알게 되었다. 하나님은 이들에게 이렇게 지시하셨다.

> 너희는 너희가 거주하던 애굽 땅의 풍속을 따르지 말며 내가 너희를 인도할 가나안 땅의 풍속과 규례도 행하지 말고 너희는 내 법도를 따르며 내 규례를 지켜 그대로 행하라 나는 너희의 하나님 여호와니라 너희는 내 규례와 법도를 지키라 사람이 이를 행하면 그로 말미암아 살리라 나는 여호와이니라
>
> (레 18:3-5)

고대에는 인간의 추론이 하나님에 대한 순종을 대신하는 경향이 팽배했었다. 오늘날에도 인간의 본성은 이런 식으로 작용한다. 결과가 수단을 정당화한다는 생각이 교회에 영향을 미친다. 세상의 추론은, 하나님은

우리에게 무엇인가를 요구하시지만 그것의 대체물도 받아들이실 거라고 말한다. 그러나 하나님이 즉각적인 "성공"을 위해 그분의 길을 바꾸시는 일은 없다. 하나님의 길은 우리가 그분의 뜻을 행하는 데서 순종이냐 불순종이냐를 측정할 뿐이다. 하나님의 길은 대체물을 허용하지 않는다. 대체물은 세상의 추론이다.

하나님은 일을 이루는 데 관심이 있으신 게 아니다. 하나님은 자신을 계시하는 데 관심이 있으시다. 그러기 위해서는 우리가 그분에게 쓰임 받을 수 있어야 한다. 가인처럼 어떤 사람들은 우리가 하나님께 드리는 것을 하나님이 반드시 받으셔야 한다고 주장한다. 그러나 하나님이 가장 가치 있게 여기시는 것은 순종이다. 사울 왕은 이것을 뼈저리게 깨달았으며 그 과정에서 나라를 잃었다(삼상 13:13-14; 15:22-23).

하나님은 사람들을 거역의 길에서 그분의 길로 돌이키게 하시려고 우리 주변 어디서나 일하고 계신다. 베드로 사도는 하나님은 "아무도 멸망하지 아니하고 다 회개하기에 이르기를 원하시느니라"고 했다(벧후 3:9). 욥기에서, 엘리후라는 젊은이는 우리가 하나님을 떠나 있다고 해서 하나님이 우리의 삶에서 일하고 계시지 않는 게 아니라는 점을 욥에게 확인시켜 주었다. 엘리후가 욥을 만난 것은 욥이 세 친구와 함께 자신이 고난당하는 이유를 이야기하고 있을 때였다. 엘리후는 먼저 자신이 연장자들에게 말하기에는 너무 어릴지 모른다는 것을 인정했다(욥 3:26). 그런 후에 엘리후는 자신이 알고 있는 하나님의 길을 말했다. 다시 말해, 하나님이 낙심하고 거역하는 사람들에게 다가가시고 그들을 구속하시며 회복시키시는 방법을 말했다. 하나님의 길은 거역과 죽음이 아니라 소망과 생명이다.

생각해 보라
-기도해 보라

하나님은 예레미야를 통해 말씀하셨다. "여호와의 말씀이니라 너희를 향한 나의 생각을 내가 아나니 평안이요 재앙이 아니니라 너희에게 미래와 희망을 주는 것이니라"(렘 29:11). 우리의 삶에서 이루어지는 하나님의 역사를 알고 거기에 반응하려면 하나님의 길과 그분의 생각을 알아야 한다. 하나님의 계획을 묵상해 보라. 당신은 하나님이 사용하실 수 있도록 준비되어 있는가?

● 하나님의 성품이 당신의 성품을 무색하게 하는 한 가지 방식을 생각해 보라. 당신의 삶에서 이루어지는 그분의 거룩한 임재에 대해 하나님께 감사하라.

● 예수님은 그분의 견해를 수정하거나 그분이 말씀하신 것을 정정한 적이 없었던 분이시다. 그 어떤 과학도 그분의 신뢰성을 떨어뜨리지 못할 것이다. 그 어떤 권위도 그분을 능가하지 못할 것이다. 예수님은 진리시다. 당신은 진리를 얼마나 가까이 따르고 있는가? 진리는 당신에게

생명을 주려는 하나님의 길(방법) 가운데 하나다.

● 모세는 하나님에 대한 백성의 거역이 즉각적인 죽음을 의미한다는 것을 알았다. 하나님의 백성은 이것을 깨닫지 못했다. 모세는 하나님의 길을 알았으며 따라서 자신이 해야할 일을 결정할 수 있었다. 그는 중보자 역할을 했다.

● 하나님이 당신에게 다른 사람의 약점을 보는 통찰력을 주실 때, 그 통찰력은 비판을 위한 게 아니라 중보를 위한 것이다. 예수님은 아버지 앞에서 우리를 위해 계속 중보하신다. 예수님이 당신을 하나님의 구원의 복된 소식을 전하는 소망의 메신저로 보내셨는가? 당신은 누군가에게 그가 하나님의 방식에 따라 어떻게 살 수 있는지 말해 줄 준비가 되었는가?

02 (하나님의 길은 사랑이다)

그런즉 너는 알라 오직 네 하나님 여호와는 하나님이시요 신실하신 하나님이시라 그를 사랑하고 그의 계명을 지키는 자에게는 천 대까지 그의 언약을 이행하시며 인애를 베푸시되

신명기 7:9

하나님의 본성은 사랑이다. 그러므로 하나님의 길은 사랑이다. 당신의 삶에서, 하나님은 당신을 향한 그분의 뜻을 완전한 사랑의 표현 외에 그 어떤 방법으로도 표현하지 않으실 것이다. 하나님은 계속해서 죄를 지으며 거역하는 자들을 징계하시고 심판하시며 그들에게 진노하실 것이다. 그러나 그분의 징계는 언제나 사랑에 기초한다. 히브리서 12장 5-6절은 여기에 대해 이렇게 말한다.

> 또 아들들에게 권하는 것 같이
> 너희에게 권면하신 말씀도
> 잊었도다 일렀으되
> 내 아들아 주의 징계하심을 경히 여기지 말며
> 그에게 꾸지람을 받을 때에 낙심하지 말라
> 주께서 그 사랑하시는 자를 징계하시고
> 그가 받아들이시는 아들마다 채찍질하심이라

하나님의 본성은 사랑이시므로, 나는 하나님이 내게 자신을 어떻게 표현하시든 간에 그것이 언제나 최선이라는 것을 늘 확신한다. 우리를 향한 하나님의 사랑을 묘사하는 두 구절이 있다. "하나님이 세상을 이처럼 사랑하사 독생자를 주셨으니"(요 3:16). "그가 우리를 위하여 목숨을 버리셨으니 우리가 이로써 사랑을 알고"(요일 3:16). 예수님은 하나님의 사랑을 보여주는 가장 완전한 예다.

하나님은 사랑이시다

"하나님은 사랑이시라"(요일 4:16). 하나님은 인격화된 사랑이시며 우리는 그분의 아들 예수 그리스도를 통해 하나님의 사랑을 알 수 있다. 하나님은 우리를 향한 그분의 사랑을 여러 방식으로 나타내신다. 하나님은 우리와 우리가 살고 있는 세상을 창조하셨고, 그분이 지으신 아름다운 우주로 우리에게 거듭 복을 주신다. 시편 50편 1-2절에서 시편 기자는 이렇게 말한다. "전능하신 이 여호와 하나님께서 말씀하사 해 돋는 데서부터 지는 데까지 세상을 부르셨도다 온전히 아름다운 시온에서 하나님이 빛을 비추셨도다."

그러나 하나님의 사랑 표현 가운데 가장 놀라운 것은 우리를 위해 그분의 아들을 희생하신 것이다. 하나님은 그분의 도덕적 형상으로 인간을 창조하셨으나 인간은 죄를 지어 하나님의 완전한 창조를 훼손하여 그분의 마음을 아프게 했다. 아버지께서는 우리가 우리 죄에 대한 벌을 받게 하지 않으시고 우리에게 치료약을 주셨다. 그러나 이것은 그분의 아들 예수 그리스도의 죽음을 의미했다. 사랑하는 것이 하나님의 본성일진대, 하나님은 그분의 아들을 보내어 죄로 훼손된 인류가 그리스도 안에서 재창조될 수 있게 하신 것을 그분의 거룩한 사랑으로 표현하셨다. "진리가 예수 안에 있는 것 같이 너희가 참으로 그에게서 듣고 또한 그 안에서 가르침을 받았을진대 너희는 유혹의 욕심을 따라 썩어져 가는 구습을 따르는 옛 사람을 벗어 버리고 오직 너희의 심령이 새롭게 되어 하나님을 따라 의와 진리의 거룩함으로 지으심을 받은 새 사람을 입으라"(엡 4:21-24).

사랑으로(사랑 안에서, 사랑 때문에), 하나님은 그분의 아들을 죽음에 내어주셨을 뿐 아니라 다시 살리셨다(엡 4:9-10). 세상의 희망이 모두 고난의 현실을 바꿔놓지 못한다. 그러나 하나님의 사랑은 그 현실에 대한 우리의 반응을 바꿔놓을 수 있다. 예수님의, 우리를 위해 십자가를 지시게 했던 바로 그 사랑이 역경 속에서도 우리의 것이 될 수 있다. 하늘에 계신 우리 아버지와 그분의 아들에게 엄청난 희생이 따르는 때라도 우리는 하나님의 사랑을 거저 받는다. 사랑으로, 하나님은 우리도 그분의 부활의 능력을 이용하게 하셨다.

다리를 지키는 사람에 관한 이야기를 들은 적이 있다. 그가 매일 하는 일은 다리 아래로 배가 지나가도록 거대한 기어를 작동시켜 다리를 들어 올리는 것이었다. 그의 일은 매일 신호에 따라 배가 지나가도록 다리와 강이 평행이 되게 하거나 기차가 지나가도록 다리가 강 위에 놓이게 하는 것이었다.

어느 날, 기차가 신호도 없이 다리로 접근하고 있었다. 순간, 그가 보니 다리는 선로를 이어주고 있는 게 아니라 배가 지나갈 상태로 되어 있었다. 다리를 다시 움직여 양쪽 둑을 이어주지 않으면 기차는 강으로 떨어질 게 뻔했다. 그는 레버를 당겨 기계를 작동시키기 시작했다. 순간 그의 아들이 기어 속에서 놀고 있는 모습이 보였다. 기차는 추락하는 줄도 모르고 달려오고 있었다. 그러나 기차와 무고한 승객을 구한다는 것은 그의 아들이 죽는다는 것을 의미했다. 이와 같은 상황의 고통을 하나님은 아셨다.

> 하나님이 세상을 이처럼 사랑하사 독생자를 주셨으니 이는 저를 믿는 자마다 멸망치 않고 영생을 얻게 하려 하심이니라
>
> (요 3:16)

하나님은 우리를 사랑하기로 선택하셨다

성경은 하나님이 그분의 본성 때문에 우리를 사랑하기로 선택하셨다는 사실을 분명히 한다. 하나님은 모두를 사랑하시며, 우리가 보기에는 사랑스럽지 않은 자들까지 사랑하신다. 언젠가 일터를 찾아 대도시로 떠난 소녀의 이야기를 들은 적이 있다. 나중에 소녀의 어머니는 딸이 창녀가 되었다는 소문을 들었다. 어머니는 무거운 마음으로 자신의 사진 몇 장을 들고 딸이 있다는 도시로 떠났다. 딸이 어디에 있는지 알지 못하는 어머니는 창녀촌을 집집마다 찾아다녔다. 그리고 나올 때마다 자신의 사진을 남겨두었다. 딸은 그 중 한 집에서 생각지도 못한 어머니의 사진을 보고 깜짝 놀랐다. 사진 아래쪽에는 이렇게 적혀 있었다. "돌아오너라. 사랑한다." 그 아래엔 "엄마가"라고 적혀 있었다. 소녀는 지난날을 후회하며 집으로 돌아갔다

고 한다. 우리가 십자가를 볼 때마다 그 위에는 이렇게 적혀 있다. "돌아오너라. 사랑한다." "하나님이."

로마서 5장 6-8절은 하나님의 사랑의 진리와 그 사랑 때문에 우리의 필요를 채우시는 하나님의 모습을 이렇게 설명한다. "우리가 아직 연약할 때에 기약대로 그리스도께서 경건하지 않은 자를 위하여 죽으셨도다." 하나님은 이것이 그분의 사랑 때문이라는 것을 보여주셨다. "의인을 위하여 죽는 자가 쉽지 않고 선인을 위하여 용감히 죽는 자가 혹 있거니와 우리가 아직 죄인 되었을 때에 그리스도께서 우리를 위하여 죽으심으로 하나님께서 우리에 대한 자기의 사랑을 확증하셨느니라."

하나님은 우리에게 사랑하라고 가르치신다

캐나다에 있는 우리 교회는 몇 가지 선교 사역을 시작했다. 그 가운데 하나는 60여 킬로미터 떨어진 곳에서 이루어졌는데, 그곳으로 이주하여 평신도 사역자로 섬길 사람이 필요했다. 교회는 이 문제를 놓고 기도하고 있었는데 어느 젊은 부부가 자원했다. 남편은 대학생이었고 두 사람은 가진 게 거의 없었다.

그들이 선교지로 이주하면 남편은 매일 학교까지 통학을 해야 했다.

나는 이들에게 그럴만한 경제적 여유가 없다는 것을 알고 있었기에 이들을 보낼 수 없다고 했다. 이들을 보내는 것은 적절치 않아 보였다.

그러나 부부는 하나님의 구원을 깊이 감사했다. 이들은 자신들이 하나님과 사랑의 관계를 갖도록 하나님이 그분의 아들을 보내신 것이 그분에게는 얼마나 큰 희생이었는지 알았다. 청년은 나를 보며 말했다. "목사님, 저의 주님을 위해 희생할 기회를 빼앗지 말아주십시오."

부부가 이처럼 깊은 사랑과 헌신의 반응을 보이자 교회는 이들의 소명 의식을 인정해주었다. 이들을 구원하신 바로 그 사랑의 하나님이 사랑으로 이들의 필요도 채워주셨다.

하나님은 우리가
그분의 가장 좋은 것을 놓치길 원치 않으신다

하나님의 사랑은 우리에게 완전한 것을 주려 한다. 하나님의 사랑은 그분이 줄 만한 것을 모두 우리에게 주고 싶어한다. 완전한 사랑은 아무 것도 보류하지 않는다. 그러나 죄는 실재이며 사랑이 주고 싶어하는 것을 받지 못하게 한다. 그러므로 하나님은 죄를 철저히 대적하신다. 죄인이 아니라 죄를 대적하신다. 죄는 완전한 사랑이 주는 것을 받지 못하게 하기 때문이다.

징계는 형벌과 다르다. 징계의 목적은 훈련이다. 하나님은 우리가 그분의 사랑을 받도록 그분과 바른 관계로 돌아가게 하려고 징계라는 방법을 사용하신다. 성경에서 하나님의 엄하심을 볼 수 있으나 이것은 그분의 사랑의 대상인 인간을 멸망시키는 죄를 향한 것이다.

하나님은 당신을 위해 준비하신 가장 좋은 것을 보존하고 지키길 원하시며, 당신이 가장 좋은 것을 놓치거나 잃기를 원치 않으신다. 하나님이 순종을 요구하시는 것도 바로 이 때문이다. 하나님이 순종을 요구하시는 것은 단지 그분이 순종을 받아야하는 분이기 때문은 아니다. 하나님이 순종을 요구하시는 것은 순종이야말로 그분이 당신에게 공급하신 풍성하고 영원한 생명을 당신이 찾고 경험할 유일한 길임을 아시기 때문이다.

고린도후서 9장 8절은 이렇게 말한다. "하나님이 능히 모든 은혜를 너희에게 넘치게 하시나니 이는 너희로 모든 일에 항상 모든 것이 넉넉하여 모든 착한 일을 넘치게 하게 하려 하심이라." 하나님의 사랑은 우리를 위하여 가장 좋은 것을, 우리에게 필요한 모든 것과 "착한 일을" 풍성히 예비해 주셨다. 하나님의 기준은 우리를 위해 준비된 그분의 가장 좋은 것을 개략적으로 보여주며 우리를 인도하여 죄를 피하게 한다.

> 하나님은 너무나
> 사랑하셨다

우리를 향한 하나님의 마음의 외침은 사랑이다. 하나님의 사랑은 인간에게 문을 열고 그분의 풍성한 사랑을 넘치도록 받으라고 계속해서 요구한다. 하나님이 하시는 모든 것은 사랑이다. 하나님 자신이 사랑이시기 때문이다. 하나님이 더 이상 사랑하지 않으시려 한다면 그분은 하나님이 아니셔야 한다.

하나님은 사랑이시다. 그러므로 하나님은 언제나 사랑의 관계에서 주도권을 잡으신다. 우리 삶에는 항상 죄가 있다. 그래서 우리가 하나님을 경험하려면 하나님이 주도권을 쥐고(롬 3:1-18) 우리를 찾아오셔야 한다. 이것이 성경 전체의 증언이다. 하나님은 에덴 동산에서 아담과 하와를 찾아오셨다. 사랑으로, 하나님은 이들과 교제하셨으며 이들도 하나님과 교제했다. 하나님은 노아와 아브라함과 모세와 선지자들을 찾아오셨다. 하나님은 구약의 각 사람과의 관계에서 주도권을 잡으셨으므로 이들은 인격적인 사랑의 관계에서 그분을 경험할 수 있었다.

신약에서도 마찬가지다. 예수님은 제자들을 찾아오셨으며 그들을 선택하여 그분과 함께 하면서 그분의 사랑을 경험하게 하셨다. 예수님은 또 다메섹으로 가는 바울을 찾아오기도 하셨다. 우리와 하나님의 관계에서 한 가지를 기억하는 게 중요하다. 우리가 자연적인 인간의 상태에서 먼저 하나님을 찾은 게 아니라는 것이다. 하나님은 우리를 무척 사랑하시기 때문에 우리와 사랑의 관계를 맺길 원하신다. 그러므로 사랑은 하나님이 하시는 모든 행동의 토대다. 당신을 향한 그분의 행위는 늘 완전한 사랑의 표현이다.

요한복음 3장 16절은 신약성경에서 잘 알려진 구절이다. 이 구절의 메시지는 세상을 향한 하나님의 사랑을 확인해 준다. 우리를 향한 하나님의 목적은 우리가 예수님을 믿어, 영원한 삶에 대한 하나님의 약속을 믿어 죽지 않는 것이다. 하나님은 우리를 사랑하시며 그분의 사랑을 거듭 증명해 보이셨다. 하나님은 우리와 사랑의 관계를 맺길 원하신다.

하나님의 사랑, 그 확증

성경은 하나님의 사랑에 관한 기록이다. 사랑으로, 하나님은 우주와 우리가 사는 세상과 그 속에 있는 것을 모두 창조하셨다. 사랑으로, 하나님은 아담과 하와가 범죄했을 때 그들에게 구원을 주셨다(창 3:15). 사랑으로, 하나님은 이미 구해내신 모세와 이스라엘 백성에게 십계명을 주셨는데, 이는 모두가 어떻게 그분에게 순종하며 어떻게 그분과 사랑의 관계 속에서 살며, 그분에게 쓰임 받기 위해 어떻게 자신을 구별해야 하는지를 알 수 있게 하기 위해서였다(출 19:4-6).

> 아버지께서 나를 사랑하신 것 같이 나도 너희를 사랑하였으니 나의 사랑 안에 거하라 내가 아버지의 계명을 지켜 그의 사랑 안에 거하는 것 같이 너희도 내 계명을 지키면 내 사랑 안에 거하리라 내가 이것을

너희에게 이름은 내 기쁨이 너희 안에 있어 너희 기쁨을 충만하게 하려 함이라
(요 15:9-11)

사랑으로, 하나님은 그분의 백성에게 자신이 그들 가운데 거하신다는 것뿐 아니라 그분 앞에서 산다는 게 무엇을 의미하는지 가르치셨다. 사랑으로, 하나님은 그분의 백성을 애굽의 속박에서 건져내신 순간부터 그분의 임재로, 즉 낮에는 구름기둥 밤에는 불기둥으로 그들을 인도하셨다. 사랑으로, 하나님은 그분의 백성 이스라엘과 언약을 맺으셨다.

하나님이 그분의 백성과 맺은 언약의 상징은 이들에게 그분의 사랑을 상기시켜 주었다. 지성소가 있는 이동식 성전, 즉 성막은 그분의 임재를 확인시켜 주었다. 하나님이 이스라엘에게 주신 율법도 하나님은 이들이 그분과 사랑의 관계를 지속하길 원하신다는 것을 상기시켜 주었다. 하나님이 정하신 절기도 그분의 사랑을 상기시켜 주었다.

이러한 언약의 상징 가운데 하나로, 하나님은 그분의 백성에게 언약궤라 불리는 궤, 말하자면 제단 상자를 만들라고 명하셨다. 이것은 그분의 백성과 함께 하시는 하나님의 거룩한 임재, 자신이 사랑하는 자들 사이에 계시려는 그분의 바람, 그분의 임재를 인정하라는 하나님의 요구를 나타내는 것이었다.

언약궤는 모세 시대에 만들어졌다(출 25:10-22). 하나님은 모세에게 언약궤에 그분의 임재와 약속을 상징하는 것들을 넣으라고 하셨다. 언약궤에 담아야 할 것은 십계명, 이스라엘 백성이 광야 생활을 할 동안 하나님

이 매일 아침 이슬처럼 내리신 양식인 만나를 담은 금항아리, 아론의 싹 난 지팡이 그리고 하나님과 그분의 백성 간의 언약이었다. 언약궤는 때로 여호와의 궤라고 불렸다. 민수기 10장 35-36절에는 이스라엘 백성이 광야에서 하나님을 따라 나갈 때마다 불렀던 모세의 기도 노래가 나온다. 언제나 법궤가 앞에서 백성을 이끌어야 했다. 왜냐하면 이스라엘 백성은 하나님의 인도와 보호를 의지했기 때문이었다. 법궤는 이스라엘 백성에게 하나님의 임재가 그들의 미래와 목적에 필수적이라는 것을 상기시켜주었다.

> 궤가 떠날 때에는 모세가 가로되
> 여호와여 일어나사
> 주의 대적들을 흩으시고
> 주를 미워하는 자가 주 앞에서 도망하게 하소서 하였고
> 궤가 쉴 때에는 말하되
> 여호와여 이스라엘 종족들에게로 돌아오소서 하였더라
> (민 10:35-36)

모세와 이스라엘 백성은 법궤에서 하나님의 사랑을 확신하게 되었다. 그러나 거룩한 상자를 통해 하나님을 공경하는 것은 하나님이 그분과 그분의 백성 간의 관계에서 이루시려는 궁극적인 목적이 아니었다. 언제나 사랑은 하나님의 길을 나타내는 행위 가운데 하나다. 하나님은 자신을 매우 실제적으로 표현하시며, 그분의 백성에게 그분을 사랑하며 그분에게 순종

해야한다는 것을 상기시키고 가르치신다. 이러한 사랑의 관계에서, 하나님은 그분의 백성에게 과제를 맡기신다.

하나님의 사랑, 그 목적

하나님은 이스라엘 백성을 사랑하기로 하셨다(신 7:6-9). 그러나 하나님은 또한 당신을 사랑하기로 하셨다는 것을 알고 있는가? 하나님의 사랑이 없다면, 당신은 결코 그리스도인이 될 수 없었을 것이다. 하나님은 당신을 부르실 때 당신을 향한 계획을 품고 계셨다. 그러므로 하나님은 당신의 삶에서 일하기 시작하셨고 당신은 그분이 주도하시는 그분과의 관계, 곧 사랑의 관계를 체험하기 시작했다. 하나님은 당신의 지각을 열기 시작하셨고 당신을 그분에게로 이끄셨다. 이 모든 것이 사랑으로 이루어졌다.

당신이 하나님의 초대에 응했을 때 하나님은 당신을 그분과 사랑의 관계로 이끄셨다. 그러나 하나님이 먼저 개인적으로 당신을 사랑하지 않으셨다면 당신은 결코 그 사랑을 알지 못하거나 그 사랑 가운데 있지 못하거나 그 사랑을 느끼지 못할 것이다. 하나님은 이미 수 천년 전에 당신을 향한 사랑을 먼저 보여주셨으며, 이스라엘 백성 가운데서 일하시며 그들에게 자신을 나타내실 때도 그렇게 하셨다(사 32:6).

이스라엘 백성은 광야 생활을 끝내고 약속의 땅에 정착했다. 마침내 하나님은 이들에게 광야의 이동 성막을 대신할 성전을 지으라고 말씀하셨다. 임시 성전에서처럼, 영구적인 성전에도 지성소라 불리는 가장 거룩한 곳이 마련될 것이다. 이곳에 법궤가 보관될 것이며 그 앞에는 두꺼운 휘장이 있어 법궤를 하나님의 백성의 무가치함에서 보호해 주며 하나님의 백성을 하나님의 심판에서 보호해 줄 것이다. 그러나 하나님은 그분의 백성을 사랑하셨고 자신과 그들 간의 언약을 유지하는 데 필요한 것을 공급해 주셨다. 일 년에 단 한 차례, 세밀한 준비와 정교한 의식을 통해, 대제사장이 지성소에 들어가 하나님의 백성을 대신하여 희생을 드릴 수 있었다(출 30:10). 이러한 관습은 하나님이 그분의 아들 예수 그리스도의 죽음과 부활을 통해 새 언약과 영원한 대제사장을 주실 때까지 계속되었다.

하나님의 아들이신 그리스도께서 영원한 대제사장이 되셨을 때, 하나님은 우리도 영적 지성소에 들어갈 수 있게 하셨다(히 10:19-23). 이제 성전이란 인간이 만든 화려한 구조물을 말하는 게 아니다. 이제는 하나님이 창조하신 것, 곧 우리의 몸이 성전이다(고전 3:16). 그리스도께서는 다시 염소와 송아지의 피로 이 성전에 들어가지 않으셨다. 그분은 그분의 피로 단번에 지성소에 들어가셨으며 매년 반복되는 것이 아니라 영원한 구속을 이루셨다. 동물 제사의 피와 재는 제사장들을 거룩하게 했으며, 이에 제사장들은 외적으로 거룩해지거나 의식적으로 깨끗해졌다. 그러나 그리스도의 피는 우리를 내적으로 깨끗하게 하며, 우리의 마음을 정결하게 하며, 우리의 양심을 사망에 이르는 행위로부터 씻어내며, 살아계신 하나님을 섬기도록 우리를 준비시켜 준다. 전율을 느끼게 하는 사실은 우리는 우리를 위한 예수님의 대속에서 그분이 우리를 위해 행하신 제사장적 직무를 볼 뿐 아니라 우리를 향한 도저히 이해할 수 없는 그분의 사랑과 돌보심과 공급하심을 보며, 더 나아가 하나님의 사랑을 받고 사는 게 우리를 향한 하나님의 목적임을 보여주시는 그분의 모습까지 본다는 것이다.

> 그리스도께서는 장래 좋은 일의 대제사장으로 오사 손으로 짓지 아니한 것 곧 이 창조에 속하지 아니한 더 크고 온전한 장막으로 말미암아 염소와 송아지의 피로 하지 아니하고 오직 자기의 피로 영원한 속죄를 이루사 단번에 성소에 들어가셨느니라 염소와 황소의 피와 및 암송아지의 재를 부정한 자에게 뿌려 그 육체를 정결하게 하여 거룩하게 하거든 하물며 영원하신 성령으로 말미암아 흠 없는 자기를 하나님께 드린 그리스도의 피가 어찌 너희 양심을 죽은 행실에서 깨끗하게 하고 살아 계신 하나님을 섬기게 하지 못하겠느냐
>
> (히 9:11-14)

하나님의 사랑, 그 약속

하나님의 아들 예수 그리스도는 새로운 사랑의 언약의 중보자시다. "이는 첫 언약 때에 범한 죄에서 속량하려고 죽으사 부르심을 입은 자로 하여금 영원한 기업의 약속을 얻게 하려 하심이라"(히 9:15). 첫 언약은 약속과 형벌을 모두 가져왔지만 새 언약은 약속과 용서를 가져다준다. 그 결과는 영생이다.

그 무엇도 사랑을 대신할 수 없다

어떤 사람들은 영어는 사랑을 나타내는 단어가 하나뿐이기 때문에 빈약하다고 말한다. 그러나 영어에는 사랑을 대신하는 단어들이 많다. 그러나 그 대체물은 모두 차선일 뿐이다. 하나님의 사랑을 말할 때, "그가 우리를 위하여 목숨을 버리셨으니 우리가 이로써 사랑을 알고 우리도 형제들을 위하여 목숨을 버리는 것이 마땅하니라(요일 3:16)"는 말을 달리 어떤 말로 대신할 수 있겠는가?

다른 누군가를 살리려고 당신의 생명을 버리는 것은 지극히 이타적인 행위다. 그러나 전혀 모르는 사람들을 살리려고—당신의 희생을 무시하거나 욕하거나 부인할 사람들이 생명의 선택권을 가지도록—당신의 생명을 버리는 것은 무조건적인 사랑을 보여주는 최고의 증거일 것이다. 이것이 우리를 향한 하나님의 사랑을 보여주는 최고의 예다. 하나님은 그분의 아들 예수를 우리에게 보내셨으며, 예수님은 우리를 지극히 사랑하셨기에 우리를 위해 자신의 목숨을 버리셨을 뿐 아니라 우리를 위해 죽으실 때 우리가 그분을 죽이도록 허락하기까지 하셨다(롬 5:6-11).

　　하나님이 우리에게 그분의 율법을 주신 것은 우리를 사랑하시기 때문이었다. 그러나 우리 인간은 본성적으로 율법 아래서는 의롭게 될 수 없다. 따라서 우리의 구원하려는 바로 그 법이 우리를 정죄한다. 그래서 하나님은 그분의 아들 예수 그리스도를 보내어 완전한 인간이자 완전한 하나님이 되시며 우리 가운데 거하시고 우리를 위해 죽게 하셨다. 사랑 때문에, 하나님은 율법으로 정죄 받은 우리를 완전한 속죄 제물이신 예수 그리스도를 통해 구속하시고 흠이 없게 하셨다. 이것이 구원의 메시지다.

> 그러므로 이제 그리스도 예수 안에 있는 자에게는 결코 정죄함이 없나니 이는 그리스도 예수 안에 있는 생명의 성령의 법이 죄와 사망의 법에서 너를 해방하였음이라 율법이 육신으로 말미암아 연약하여 할 수 없는 그것을 하나님은 하시나니 곧 죄로 말미암아 자기 아들을 죄 있는 육신의 모양으로 보내어 육신에 죄를 정하사 육신을 따르지 않고 그 영을 따라 행하는 우리에게 율법의 요구가 이루어지게 하려 하심이니라
>
> (롬 8:1-4)

대체물은 모두 차선일 뿐이다

우리는 살면서 큰 차가 아닌 보다 실용적인 자동차, 원하지 않는 색상의 셔츠, 보다 작은 집 등 우리가 원하거나 우리에게 필요한 구체적인 것보다 못한 것에 안주할 때가 있다. 우리는 또한 대체물을 제시할 수 있다. 우리가 하나님이나 다른 사람들을 향한 사랑의 대체물을 제시할 때 매우 심각한 결과를 초래할 수 있다. 하나님의 사랑이 남다른 것은 그분의 사랑은 진실하며, 무조건적이며, 모두가 누릴 수 있으며, 환경과 무관하기 때문이다. 사랑의 대체물은 하나님의 본성과 모순된다.

한국전쟁 중에, 어느 미국인 부부가 아들이 부상당했지만 회복 중이라는 기별을 들었다. 아들은 부모에게 자주 전화를 했다. 처음에는 일본에 있는 군 병원에서 했고 나중에는 미국 동부 해안에서 했다. 마침내 아들은 부모에게 전화를 걸어 이제 집으로 돌아가겠다고 했다. 그러면서 병원에서 만난 전우를 데려가고 싶다고 했다. 부모는 즉시 그렇게 해도 좋다고 했다. 아들은 그렇게 할 수 있어서 너무 기쁘다고 했다. 그가 참호에서 다른 전우들을 구하기 위해 수류탄에 몸을 던졌기 때문이라는 것이었다. "아들아, 그를 집으로 데려오너라. 그 영웅을 만나보고 싶구나." 부모가 말했다.

"그런데 그는 휠체어를 타야합니다. 수류탄이 터질 때 두 다리를 잃었거든요. 그가 한 동안 저희 집에 머물게 해주신다면 제겐 더 없이 의미 있을 겁니다."

부모가 말했다. "그게 네게 그렇게 의미 있다면 그 사람과 잘 맞춰보도록 하마."

아들은 하던 말을 계속했다. "그런데 그 사람은 한 쪽 팔과 한 쪽 눈도 잃었고, 얼굴도 흉해졌습니다."

"아들아, 그렇다면 그 사람을 집으로 데려오는 건 별로 좋은 생각이 아닌 것 같구나! 그 친구는 병원에 남겨두고 너 혼자 오는 게 좋겠다. 그렇게 심한 부상을 당한 사람이라면 나라가 돌볼 책임이 있지 않겠니?"

아들은 항의했다. "하지만 그는 제 친구예요. 그에게는 저 말고는 아무도 없어요."

그러나 부모는 이렇게 말했다. "아들아, 혼자 오너라. 그 정도 상태라면 우리 집이 그 사람에겐 전혀 맞지 않겠구나!"

그날 밤, 부모는 아들이 자살했다는 소식을 들었다. 장례를 위해 아들의 시신이 도착했을 때, 부모는 시신을 보고 깜짝 놀랐다. 두 다리와 한 쪽 팔과 한 쪽 눈이 없는 데다 얼굴은 심하게 일그러져 있었다. 아들이 다만 알고 싶었던 것은 부모가 자신을 얼마나 사랑하며 자신을 어떻게 받아들일 것인가였다.

당신은 자신이 사랑이라고 말하는 것을 하나님께 드릴 수 있지만 그것이 당신의 관점에서 본 관계에 불과할 수 있다. 또한 하나님의 사랑을 대신하는 것에 안주하면서도 그 사실을 곧바로 깨닫지 못할 수도 있다. 모든 것이 하나님에게서 나온다고 보고, 심지어 당신의 목적으로, 마치 그것이 참된 것인 양, 하나님의 사랑을 대신하기 시작할 수도 있다. 교회에서 신자들은 온갖 것으로 하나님의 사랑을 대신한다. 성장하는 대형교회를 받아들이거나 하나님의 사랑을 대신하는 자로서 칭찬이나 추앙을 받는 것은 너무나 쉬운 일이다. "하나님을 위한 성공"으로 유명해지는 것이 하나님의 사랑을 대신하며 우리를 영적으로 둔감하게 하는 대체물일 수 있다.

하나님의 사랑을 의지하라

예수님은 제자들을 가르치시고 준비시키시면서 최후의 만찬을 나누셨다. 그때 그분은 이런 말씀으로 제자들을 안심시키셨다. "너희는 마음에 근심하지 말라 하나님을 믿으니 또 나를 믿으라"(요 14:1).

제자들은 곧 하나님의 사랑을 온전히 깨닫게 될 것이며, 따라서 동일한 해결책과 위로를 사람들에게 전하는 데 쓰임 받을 것이다. 이 과정은 지금도 계속되고 있다. 예수 그리스도께서 내주하시는 사람들은 마음이 상하고 소망이 없으며 무기력한 사람들과 함께 산다. 완전한 사랑이신 예수 그리스도께서 그분을 알고 그분의 사랑을 아는 사람들의 삶을 통해 사람들에게로 다가가시는 것도 바로 이 때문이다.

그리스도인의 삶의 "소금"은 예수 그리스도다. 그리스도께서 우리의 삶을 살아있고 진실하게 하시며, 깨진 세상에서 살아갈 자유로 넘치게 하신다. 우리의 달란트와 능력과 열정이 모두 하나가 된다 하더라도 예수님이 없다면 이 세상에 조금도 도움이 되지 못할 것이다. 알다시피, 세상도 달란트와 능력을 갖고 있다. 주변 세상도 열정을 갖고 있다. 더군다나 우리에게는 부끄럽게도, 세상이 그리스도인들보다 더 열정적일 때가 많다.

그렇다면 그리스도인과 세상은 어떻게 다른가? 그리스도인을 소금 되게 하는 것은 무엇인가? 주변 사람들을 지키고 변화시키는 신자의 삶을 살게 하는 것은 무엇인가? 우리 안에 있는 하나님의 완전한 사랑이신 예수 그리스도다.

바울은 사람의 방언과 천사의 말을 할지라도 사랑, 곧 예수 그리스도가 없으면 소음에 지나지 않는다면서 이것을 분명하게 말했다(고전 13:1). 사람들이 당신에게 조언을 구할 때, 당신은 한 사람의 신자로서 성경을 제시해야 하지만 사랑으로 제시해야 한다. 하나님의 사랑은 우리에게 그분의 말씀을 주었다. 그러나 하나님의 사랑이 당신을 통해 흘러가지 않는다면 사람들은 당신이 하는 말을 듣지 않을 것이다.

언젠가 어느 여자와 이야기를 나눈 적이 있었다. 그녀는 한 달쯤 전에 총으로 남편을 죽인 여동생 이야기를 꺼내면서 금방 눈물을 글썽였다. 남편은 만취 상태로 집에 들어와 화를 내면서 아내, 즉 그녀의 동생을 때렸다. 아내는 얼마나 심하게 맞았던지 제대로 일어설 수조차 없었다. 남편은 밖으로 나가다 큰 아들과 마주치자 아들을 죽도록 때리기 시작했다. 아내는 간신히 몸을 일으켜 남편이 남겨둔 총을 집어 들고 문 쪽으로 갔다. 그리고는 총으로 남편을 위협하면서 아들을 때리지 말라고 했다. 남편은 아내에게 달려들었으며 아내는 방아쇠를 당겼고 남편은 그 자리에서 죽었다.

언니는 상한 마음으로 울면서 이야기했지만 그러면서도 예수 그리스도께 감사했다. 왜냐하면 자신도 한 때 동생과 같은 처지에서 파멸의 삶을 산 적이 있기 때문이었다. 그때 그녀는 예수 그리스도를 만났고 그분은 그녀의 삶에서 우상과 증오와 부도덕을 없애 주셨다. 예수님의 사랑이 그녀의 남편까지 변화시켰으며, 두 사람은 교회에서 함께 하나님을 섬기고 하나님을 찬양하며 그분의 은혜를 전했다. 하나님의 사랑이 있는 곳에서는 정욕으로 썩어 가는 육신이 사랑으로 변할 수 있다. 하나님의 사랑이 있는 곳에서는 부도덕이 의로 바뀔 수 있다. 하나님의 사랑을 의지하라. 그분은 신뢰할만한 분이시다.

(사랑으로
행하라

하나님이 명령을 주시는 것은 그분의 완전한 사랑 안으로 우리를 인도해 들이기 위해서다. 각각의 명령은 그분을 더 사랑하고 그분에게 더 많은 사랑을 받을 기회일 뿐이다. 바울은 이렇게 말했다. "우리 가운데서 역사하시는 능력대로 우리가 구하거나 생각하는 모든 것에 더 넘치도록 능히 하실 이에게." 우리는 에베소서 3장 20절을 믿음을 독려하는 구절로만 생각할 때가 많다. 이 구절은 순종을 독려하는 구절이기도 하다. 하나님이 우리를 통해 자신을 나타내시기 위해 명령하시는 것을 반드시 행해야 한다.

> 하나님께서는 우리 안에서 힘차게 활동하시면서 우리가 바라거나 생각하는 것보다 훨씬 더 풍성하게 베풀어주실 수 있는 분이십니다.
> (엡 3:20 | 공동번역 |)

서스캐처원주 레지나에 있는 작은 교회가 생각난다. 이 교회는 교인이 열한 명에 불과했으며 어려움을 겪고 있었다. 지역의 압박과 어려움이 매우 컸으며 사람들의 반응도 실망적이었다. 교회는 거의 성장하지 않았고 너무나 소망이 없었기 때문에 "팝니다"라는 팻말을 내걸 수밖에 없었다.

나는 정기적으로 이들과 예수 그리스도를 나누기 시작했다. 나는 이렇게 말했다. "그분과 함께 앉아 그분의 음성에 귀를 기울이십시오. 그분을 주목하십시오. 그분이 자신을 누구라고 하시는지 보십시오." 이들은 곧 무엇인가를 깨닫기 시작했다. 예수 그리스도 안에서는—그분이 자신들의 삶을 통해 자유롭게 역사하시도록 허락하기만 하면—하나님의 사랑이 변화를 일으킬 수 있다고 믿는 작은 무리를 통해 이루어질 일이 얼마든지 있다는 것이었다.

이 작은 교회는 하나님이 자신들을 부르셨다고 믿기 시작했다. 이들은 사람들이 예수님 앞에서 죄를 고백하는 것을 보았다. 주 예수 그리스도 앞에서 가정이 회복되는 것을 보았다. 예수님이 자신이 들려 올라가면 모든 사람을 자신에게로 이끌겠다고 하신 말씀이 사실이라는 것을 깨달았다.

지금까지 이 작은 교회는 오랫동안 자신의 역할을 충실하게 수행했으며, 적어도 여덟 교회를 개척했고, 캠퍼스 사역과 버스 사역을 시작했으며, 젊은이를 위한 훈련 센터까지 운영했다. 예수님에게 신자들의 삶을 통해 일하실 완전한 자유를 드릴 때, 그분은 어둠을 몰아내고 생명으로 사망을 대신하신다.

하나님의 사랑 알리기

사랑으로 행하는 것은 하나님의 사랑이 어떤 것인지 세상에 알리는 방법이다. 이 세상에서 예수님의 목적은 하나님의 사랑을 알리는 것이었다. 요한복음 17장 25-26절은 이렇게 말한다. "의로우신 아버지여 세상이 아버지를 알지 못하여도 나는 아버지를 알았사옵고 그들도 아버지께서 나를 보내신 줄 알았사옵나이다. 내가 아버지의 이름을 그들에게 알게 하였고 또 알게 하리니 이는 나를 사랑하신 사랑이 그들 안에 있고 나도 그들 안에 있게 하려 함이니이다."

예수께서 이르시되 어찌하여 무서워하느냐 믿음이 작은 자들아 하시

고 곧 일어나사 바람과 바다를 꾸짖으시니 아주 잔잔하게 되거늘

(마 8:26)

해 질 무렵에 사람들이 온갖 병자들을 데리고 나아오매 예수께서 일일이 그 위에 손을 얹으사 고치시니

(눅 4:40)

죽었던 자가 일어나 앉고 말도 하거늘 예수께서 그를 어머니에게 주시니

(눅 7:15)

예수님은 사람들을 그분에게로 이끌려고 자신을 완전한 사랑으로 표현하시는 하나님이셨다. 문둥병자, 우물가의 여인, 소경 바디매오, 이들은 모두 새로운 삶의 소망과 초대를 받으면서 하나님의 사랑을 직접 체험했다.

언젠가 다른 사람에게 최고의 가치를 두는 사랑의 이야기를 들은 적이 있다. 한 남자가 오랫동안 보지 못한 친구에게 저녁 초대를 받았다. 그는 궁궐 같은 집과 동네를 보면서 친구가 많은 돈을 벌었다는 것을 알았다. 멋진 현관에서는 친구의 아내와 어린 두 딸이 마중을 나왔다. 한 아이는 꽃다발을 들고 있었고 다른 아이는 나무 조각과 잡초와 종이 조각을 한 움큼 들고 있었다. 나중에, 그는 친구 가족과 함께 식사를 하면서 깜짝 놀랐다. 차이나 식기와 크리스탈과 은식기 때문이 아니라 식탁 중앙에 있는 장식물 때

문이었다. 거기에는 한 아이가 들고 있는 꽃다발과 다른 아이가 들고 있던 나무 조각과 잡초와 종이 조각이 함께 어우러져 있었다. 놀라움이 그의 얼굴에 확연히 나타났는지 친구 부인은 이렇게 설명해 주었다. "두 아이 중 하나는 다른 아이와 조금 다르답니다. 하지만 우리는 두 아이 모두에게 특별한 사랑을 보여주려고 열심히 노력하고 있답니다."

하나님은 사랑하시며, 그래서 징계하신다

징계는 가르침을 의미하며, 제자란 가르침을 받는 자다. 제자인 당신에게 하나님의 징계는 하나님의 가장 좋은 것을 추구하라고 촉구하며, 마지막 심판에 대비해 당신을 준비시켜 준다. 바울은 고린도 교인들에게 보낸 편지 가운데 하나에서 가르침을 받고 준비된다는 개념을 파악했다. "그런즉 우리는 몸으로 있든지 떠나든지 주를 기쁘시게 하는 자가 되기를 힘쓰노라. 이는 우리가 다 반드시 그리스도의 심판대 앞에 나타나게 되어 각각 선악간에 그 몸으로 행한 것을 따라 받으려 함이라"(고후 5:9-10).

사랑 안에 두려움이 없고 온전한 사랑이 두려움을 내쫓나니 두려움에는 형벌이 있음이라 두려워하는 자는 사랑 안에서 온전히 이루지 못

하였느니라

(요일 4:18)

바울은 이러한 심판의 순간을 놀랄 만큼 강한 어조로 말한다. 그는 우리가 거하든지 떠나든지 간에 하나님을 기쁘게 하는 것이 우리의 최고 목표가 되어야 한다고 말한다. 그런 후에 이렇게 말한다. "이는 우리가 다 반드시 그리스도의 심판대 앞에 나타나게 되어 각각 선악간에 그 몸으로 행한 것을 따라 받으려 함이라"(10절).

이제 우리 가운데 많은 사람들이 그 다음 구절을 읽으면서 이렇게 생각할 것이다. '그러니까 그리스도의 사랑을 알고 하나님의 은혜를 알라는 것 아닙니까?' 그러나 바울이 말하는 것은 그런 게 아니다. 바울은 이렇게 말한다. "그러므로 우리는 주를 두려워하는 게 무엇인지 알기에 사람들을 설득하려고 노력한다"(NIV 직역, 한글 개역개정은 "우리는 주의 두려우심을 알므로 사람들을 권면하거니와"). NKJV은 이 구절을 이렇게 번역한다. "그러므로 우리는 주의 공포(terror)를 알기에 사람들을 권한다." 후자가 긴박함을 보다 분명하게 보여준다. 그러나 이러한 긴박함은 모든 사람이 심판을 받으리라는 바울의 확신에서 온 것이다. 바울의 반응은 자신의 행위에 대한 근심이 아니라 그리스도를 알지도 못한 채 그리스도의 심판대로 향하고 있는 자들에 대한 연민이다.

보호하는 사랑

자신의 생명을 살릴 약을 마다하는 사람을 보면 당연히 이상할 것이다. 치료책이 있다는 것을 알면서도 스스로를 위험에 빠뜨릴 이유가 어디 있겠는가? 바울은 주를 두려워하는 게 무엇을 의미하는지 알았다. 사람이 모두 그리스도의 심판대 앞에 서야 한다는 것도 알았다. 바울은 자신이 죄와 심판의 치료약을 받으라고—심판이 오기 전에 주 예수 그리스도를 통해 구원받고 그분을 섬기는 영광을 누리라고—사람들에게 권하는 것도 바로 이 때문이라고 했다(고후 5:9-11).

소아마비 백신이 발명되었을 때, 절뚝거림과 치명적인 질병에서 해방될 수 있다는 게 기적인 것만 같았다. 수백만 명이 소아마비로 인해 고통과 죽음을 목격하거나 경험했다. 그러나 지금 우리는 백신 덕분에 더는 소아마비의 위협을 느끼지 않는다. 하지만 가족이나 친구에게 소아마비 백신을 맞지 말라고 권하는 사람은 거의 없다. 이와 마찬가지로, 그리스도의 사랑과 확실한 심판을 알지 못하면 비극적이게도 죄의 치료제에 무관심하게 되고 죄의 결과를 고스란히 당할 수 있다.

하나님은 우리를 아신다

바울은 놀라운 말을 한다. "우리가 하나님 앞에 알리어졌으니"(고후 5:11). 달리 표현하자면, 하나님이 우리를 아신다. 우리가 심판 때 그리스도 앞에 설 때 가장 중요한 것은 그리스도께서 우리를 아시느냐는 것이며 그 다음은 우리가 그분을 얼마나 잘 섬겼느냐는 것이다. 질문은 우리가 그리스도를 아느냐가 아니다. 그리스도께서 그분의 시각에서 물으실 것이다. "내가 너와 친밀한 관계를 가졌었느냐? 내가 너와 함께 동행했고 너를 알았으며 너의 이름을 불렀었느냐?" 하나님은 우리를 침례(세례)나 교회 출석처럼 우리가 정한 기준에 따라 심판하지 않을 것이다. 바울은 이것을 알았으며 따라서 자신의 절대적인 바람은 하나님을 섬기는 것이라고 했다. "그리스도의 사랑이 우리를 강권하시는도다 우리가 생각하건대 한 사람이 모든 사람을 대신하여 죽었은즉 모든 사람이 죽은 것이라"(14절).

내 계명을 지키라

하나님의 징계는 그분이 우리를 위해 예비하신 것을 우리가 하나라도 놓치지 않게 하려고 우리를 압박하시는 하나님의 사랑을 보여준다. 요한복음 15장 9-10절은 이렇게 말한다. "아버지께서 나를 사랑하신 것 같이 나도 너희를 사랑하였으니 나의 사랑 안에 거하라 내가 아버지의 계명을 지켜 그의 사랑 안에 거하는 것 같이 너희도 내 계명을 지키면 내 사랑 안에 거하리라."

순종은 하나님을 사랑하고 그분의 사랑을 받기 위한 직접적인 조건이다. 하나님이 징계하시는 것도 바로 이 때문이다. 하나님의 사랑을 좀더 깨닫는다면 그분이 사랑 때문에 우리를 징계하지 않으실 수 없는 이유를 좀더 쉽게 이해할 수 있을 것이다.

신약성경은 당시의 대중 언어인 헬라어로 기록되었다. 헬라어에는 사랑을 나타내는 단어가 몇 가지 있으며 각 단어는 서로 다른 종류의 사랑을 나타낸다. 한글 번역과 영어 번역에서는 스포츠, 일, 가정, 음식, 하나님 등 어떤 것에 대한 사랑을 말하든 간에 같은 단어를 사용한다.

'아가판'(agapan)은 신약성경에서 320회 사용된다. 이 단어는 헬라문학에서 자주 사용되지 않을 정도로 의미가 깊은 것을 말한다. [미주1] 케네스 웨스트(Kenneth Wuest)는 「신약의 곁길」(Byways of the Greek New Testament)이라는 책에서 아가판 사랑, 즉 아가페를 "사람의 마음에서 나오는 사랑, 찬사를 보내게 만드는 대상의 가치에 대한 자각"이라고 정의한다. [미주2] 웨스트는 이어서 아가페는 사랑받는 대상의 가치를 인식하는 사랑이라고 말한다. 아가페는 사랑받는 대상의 소중한 가치에 대한 인식에서 나오는 사랑이다. 아가페는 존경이 담긴 사랑이다.

아가페 사랑은 갈보리에서 하나님의 가슴이 찢어질 때 나타났다. 하나님은 잃어버린 바 된 모든 사람이 소중하기 때문에 그분의 아들을 희생하셨다. 하나님은 인간을 창조하셨다. 하나님은 그분의 형상대로 우리를 지으셨다. 하나님은 그분과 관계를 맺도록 우리를 창조하셨다. 우리는 비록 죄로 망가졌지만 하나님에게 소중하며, 하나님은 우리가 그분의 아들의 형상으로, 그리스도 바로 그분의 모습으로 다시 만들어지는 것을 보고 싶어하신다. 그러기에 하나님은 우리를 징계하신다.

생각해 보라
-기도해 보라

하나님이 이미 주신 사랑의 유익을 누리려면 모두가 하나님의 길을 따라야 한다. 생각해 보라. "자기 아들을 아끼지 아니하시고 우리 모든 사람을 위하여 내주신 이가 어찌 그 아들과 함께 모든 것을 우리에게 주시지 아니하겠느냐"(롬 8:32). 하나님은 당신을 사랑하시며 따라서 당신을 향한 그분의 뜻은 언제나 최선이다. 하나님은 모든 것을 아시며 따라서 그분의 명령은 언제나 옳다. 하나님은 사랑이실 뿐 아니라 당신을 깊이, 심오하게 사랑하기로 선택하셨다. 하나님은 그분이 제안하는 사랑의 관계에서 당신이 어느 한 부분이라도 놓치지 않게 하시려고 당신에게 지침을 주신다. 당신과 당신이 영향을 미치는 사람들이 하나님의 명령을 따르며 그분이 공급하신 모든 것을 받게 해달라고 기도하라.

● 사랑의 새 언약과 함께 영생이 주어진다. 하나님의 바람은 우리에게 생명을 보다 풍성히 주시는 것이다. 하나님의 궁극적인 약속은 우리가 그리스도와 함께 영원히, 풍성히 살 수 있다는 것이다. 자신의 사랑을 확증하시며, 당신의 구원을 예비하시고, 당신에게 영원한 생명을 약속하시는 하나님께 감사기도를 드려라.

● 당신은 삶에서 하나님의 사랑을 의지하는가? 당신은 다른 사람들이 자신들도 하나님을 의지할 수 있다는 것을 깨달을 만큼 그분을 많이 의지하는가? 당신은 하나님의 사랑이 알 수 없는 일과 예상되는 일에 대한 두려움을 물리쳐 주리라고 믿는가? 당신은 하나님의 약속이 신뢰할만하다고 믿는가? 사랑은 본래 신뢰할만한 것이다. 당신의 하나님, 바로 그분의 사랑을 신뢰할 수 있게 해달라고 기도하라.

● 하나님은 우리에게 하나의 문을 보여주신다. 하나님은 우리가 그분에게 순종하면 그분의 사랑을 우리에게 나타내실 것이다. 신뢰는 풍성함을 가져다준다. 그러나 이것은 꼭 물질적인 부유함을 말하는 게 아니며 영원한 것에 대한 부유함을 말한다. 당신이 하나님께 순종할 때 하나님이 그분의 사랑을 당신에게, 당신을 통해 다른 사람들에게 어떻게 나타내셨는지 생각해 보라. 당신이 하나님 때문에 사랑으로 행한 순간에 대해 하나님께 감사기도를 드려라.

- 아버지의 명령은 생명을 가져다준다. 그분의 명령은 진노한 하나님의 율법주의적인 요구가 아니다. 아버지의 명령은 당신이 지금까지 알고 있는 것보다 더 많은 하나님의 사랑을 와서 보라는, 완전한 사랑이신 분의 초대다. 하나님이 당신에게 지시하시는 것은 당신을 향한 그분의 사랑을 더 많이 보여주시며 그분의 목적과 길을 더 많이 계시하실 준비가 되어 있으시기 때문이다(요 14:23). 이런 식으로, 하나님의 명령은 그분의 모든 말씀처럼 당신을 가장 사랑하시는 분이 당신에게 주시는 선물이다. 이것을 생각하며 기도하라.

미주

1. Kenneth Wuest, *Byways of the Greek New Testament*, vol.3 of Word Studies in the Greek New Testament for the English Reader(Grand Rapids: William B. Eerdmans, 1973), 112.
2. Ibid.

77

하나님의 길은 사랑이다

03 (하나님의 길은 주권적이다)

영원부터 영원까지 하나님의 이름을 찬송할 것은 지혜와 능력이 그에게 있음이로다 그는 때와 계절을 바꾸시며 왕들을 폐하시고 왕들을 세우시며

다니엘 2:20-21

오래전에 경험한 일이 오늘 아침 일처럼 아직도 생생하다. 내가 하나님이 아니라 하나님이 하나님이시라는 것을 깨달았다. 그 이후로 나의 삶은 완전히 바뀌었다. 이러한 깊은 진리를 깨닫는 사람도 있지만 그렇지 못한 사람이 더 많다. 이러한 진리가 한 사람의 삶에 어떤 영향을 미치는가? 이러한 진리가 하나님에 관해 무엇을 계시하는가? 이 진리를 함께 탐구해 보기로 하자.

주권적이라는 게 무슨 뜻인가?

첫째, 주권적(sovereign, 또는 주권자)이라는 단어를 이해하는 데 도움이 되는 예를 들어보겠다. 구약성경에 나오는 다니엘을 생각해 보라. 다니엘은 바벨론 왕의 노예였다. 그는 이스라엘 귀족 가문에 자유인으로 태어났다. 그러나 바벨론 왕은 한 무리의 유망한 젊은이들을 뽑아 바벨론으로 데려가서 자신의 궁전에서 섬기게 하라고 명령했는데 다니엘도 이들 가운데 하나였다(단 1:3, 5). 어떻게 왕이 이렇게 할 수 있었는가? 왕이 이렇게 할 수 있었던 것은, 그가 자기 백성과 이스라엘처럼 자신이 정복한 모든 자들을 다스리는 주권자이기 때문이었다. 다니엘은 왕의 주권 아래 있었으며 왕은 그를 자신의 노예나 종으로 삼을 수 있었다.

현대인들에게 주권은 어려운 개념일 수 있다. 수세기 동안, 통치자들은 자신의 왕국에 있는 모든 것과 모든 사람에 대해 독점적인 권세와 소유권을 행사했다. 느부갓네살은 바벨론의 주권자였다. 그가 다니엘과 그 밖의 이스라엘 노예들에게 하나님이 기뻐하시는 것과는 반대되는 것을 하라고 명령했을 때 몇몇은 이렇게 생각했을 수도 있다. '하나님, 우리가 하나님을 공경하길 원한다는 것은 하나님도 아시지요? 하지만 왕이 우리에게 그와는 반대로 하라고 명령하고 있습니다.' 그러나 느부갓네살이 스스로를 그 무엇의 통치자라고 생각하더라도 다니엘과 몇몇은 그가 자신들의 주권적인 하나님보다 높지 못하다는 것을 알았다. 다니엘은 하나님만이 주권자라는 것을 알았다.

그렇다면 우리가 섬기는 하나님이 우리의 생명을 포함해서 모든 것의 주권자라는 확신을 가지고 살려는 노력이 오늘 우리에게 어떤 의미가 있는가? 하나님의 길은 그분의 성품과 일치한다. 그분은 주권자시기 때문에 그분의 길은 절대적이다.

하나님이 주권자시다

다니엘에게, 왕은 하나님보다 더 큰 능력의 소유자였는가? 왕은 하나님보다 더 큰 지배력의 소유자였는가? 주권적인 하나님은 바벨론 왕과 그의 나라에 간섭하지 않으셨는가? 환경의 변화가 다니엘의 대답을 확인해준다. 바벨론 왕 느부갓네살은 괴로운 꿈을 꾸었다. 왕은 마술사와 현자를 모두 불러들였다. 왕은 이들을 시험하고자 자신의 꿈을 해석할 뿐 아니라 그 내용까지 맞추라고 명령했다. 그렇게 하지 못하면 죽으리라고 했다(단 2:5-6).

학식 있는 다니엘과 친구들도 이 시험을 피할 수 없었다. 이들이 신비를 풀 만큼 지혜로운지를 가늠하는 시험이었다. 다니엘은 자신이 왕의 꿈을 알 수 없다는 것을 알았다. 그래서 어느 누구도 알 수 없는 것을 자신에게 말씀해주실 주권자 하나님을 찾았다. 다니엘은 친구들에게 왕이 아니라 하나님께 긍휼을 구하며 비밀을 알려달라고 기도하라고 촉구했다(단 2:18). 하나님은 환상 중에 왕의 꿈과 그 해석을 다니엘에게 가르쳐주셨다. 다니엘의 반응은 이러했다.

> 영원부터 영원까지 하나님의 이름을 찬송할 것은
> 지혜와 능력이 그에게 있음이로다
> 그는 때와 계절을 바꾸시며
> 왕들을 폐하시고 왕들을 세우시며
> (단 2:20-21)

다니엘의 하나님은 바로 이런 분이셨다!

왕이 환관장 아스부나스에게 말하여 이스라엘 자손 중에서 왕족과 귀족 몇 사람… 또 왕이 지정하여 그들에게 왕의 음식과 그가 마시는 포도주에서 그들의 날마다 쓸 것을 주어 삼 년을 기르게 하였으니 그 후에 그들은 왕 앞에 서게 될 것이더라

(단 1:3, 5)

    이보다 앞서, 다니엘은 보다 어렸을 때 누구에게 순종할 것인가를 선택해야 하는 기로에 선 적이 있었다. 그와 유다 출신의 친구들은 왕의 진미를 먹으라는 명령을 받았다. 그러나 그 음식은 우상들에게 바쳐졌던 제물이었다. 마치 그 우상들이 상징하는 신들이 진짜인 것처럼 말이다. 하나님이 누구인지 아는 다니엘은 그분에게 순종하고 땅의 왕에게는 불순종하기로 했다. 그와 친구들은 물과 평범한 채소만 먹었으나 하나님은 이들이 잘 자라게 하셨다(단 1:15). 결과는 신체적인 것에 그치지 않았다. 하나님은 또한 다니엘과 친구들을 학식 있는 다른 모든 자보다 뛰어나게 하셨다(단 1:20).

    이러한 배경에서, 다니엘은 계속해서 하나님을 부르면서 그분의 구원을 구했다. 내가 하나님을 섬기는 데 평생 힘이 된 구절이 바로 다니엘 3장 17절이다. "우리가 섬기는 하나님이 계시다면 우리를…능히 건져내시겠고…건져내시리이다."

    하나님은 다니엘을 통해 자신이 주권자며 전능자라는 것을 증명해 보이셨으며 언제나 지켜보는 왕 앞에서 그렇게 하셨다. 다니엘이 하나님이 왕의 꿈에 관해 보여주신 것을 이야기했을 때 왕은 다니엘을 특별 보좌

관에 임명했다. 게다가, 하나님은 다니엘 때문에 다른 젊은이들에게도 복을 주셨다. 이들은 다니엘과 함께 끝까지 하나님께 충성했으며 수도(首都) 여러 지역의 행정관이 되었다(단 2:49). 다니엘의 믿음은 친구들에게 주권자 하나님에 대한 절대적인 믿음을 표현할 용기를 주었다.

> 그러므로 우리가 항상 담대하여 몸으로 있을 때에는 주와 따로 있는 줄을 아노니 이는 우리가 믿음으로 행하고 보는 것으로 행하지 아니함이로라 우리가 담대하여 원하는 바는 차라리 몸을 떠나 주와 함께 있는 그것이라 그런즉 우리는 몸으로 있든지 떠나든지 주를 기쁘시게 하는 자가 되기를 힘쓰노라
>
> (고후 5:6-9)

하나님이 주관하신다

신학자이며 작가인 멀린스(E. Y. Mullins)는 이렇게 말했다. "거룩한 사랑의 하나님은 주권자가 되실 권리가 있다."[미주1] "우리가 하나님이 최고(supreme)라고 말할 때, 이것은 그분보다 높거나 그분을 초월하는 존재는 없다는 뜻이다. 또한, 그분의 본성과 능력과 그분의 존재의 특성으로 볼

때 다른 어떤 존재도 그분보다 우월하다고 생각할 수 없다는 뜻이다."[미주 2]

하나님의 주권은 그분이 주관하신다고 말하는 또 다른 방식이다. 하나님의 주권은 우주 만물에 영향을 미친다. 하나님은 모든 사람과 모든 권세를 비롯해 그분이 창조하신 질서의 주권자시다.

하나님의 통치는 궁극적이며 완전하다. 존재하는 권세가 모두 존재하는 것은 하나님이 허락하시기 때문이다. 하나님은 믿는 자들을 포함해서 모든 것의 주권자시며, 지켜보는 세상 앞에서 믿는 자들이 사랑의 순종을 통해 그분을 인정하게 하려 하신다.

우리는 인생의 절정기에 죽는 사람들을 보면서 그가 인생을 허비했다고 생각할지도 모른다. 페인 스튜어트(Payne Stewart)라는 프로 골퍼는 비극적이게도 젊은 나이에 비행기 사고로 죽었다. 그러나 세계에 보도된 그의 장례식을 통해 수백만 명에게 복음이 전파되었다. 페인은 하나님과 함께 하늘에 있었지만 그의 증거는 하나님께 대한 그의 헌신과 순종을 말하는 사람들을 통해 입에서 입으로 강하게 전해졌다.

페인은 죽기 얼마 전에 했던 인터뷰에서 자신이 원하는 것은 이 땅에서 온전히 하나님을 위해 살거나 천국에서 그분과 함께 사는 것이라고 했다. 이것은 바울이 고린도후서 5장 2절과 5절에서 말한 것과 비슷하다. "참으로 우리가 여기 있어 탄식하며 하늘로부터 오는 우리 처소로 덧입기를 간절히 사모하노라…곧 이것을 우리에게 이루게 하시고 보증으로 성령을 우리에게 주신 이는 하나님이시니라."

우리의 주권자가
우리를 가르치신다

당신이 하나님을 주권자로 높일 때 하나님도 당신을 높이신다. 그분의 이름이 걸려 있기 때문이다. 하나님은 당신이 전혀 다른 통치 아래 있다는 것을 입증하려고 모든 자원을 대기시키신다. 하나님은 당신의 능력을 초월하는 지혜를 주실 수 있으며, 그 누구도 해답을 찾을 수 없을 때 당신에게 해답을 주실 수 있다. 하나님은 당신의 충성을 유지하는 데 필요한 인내도 주실 것이다.

이사야 선지자는 하나님의 아들이 십자가에서 겪으실 고난을 예언했다.

> 주(Sovereign, 주권자) 여호와께서 학자들의 혀를 내게 주사
> 나로 곤고한 자를 말로 어떻게 도와 줄 줄을 알게 하시고
> 아침마다 깨우치시되 나의 귀를 깨우치사
> 학자들 같이 알아듣게 하시도다
> 주 여호와께서 나의 귀를 여셨으므로
> 내가 거역하지도 아니하며 뒤로 물러가지도 아니하며
> 나를 때리는 자들에게 내 등을 맡기며
> 나의 수염을 뽑는 자들에게 나의 뺨을 맡기며
> 모욕과 침 뱉음을 당하여도

내 얼굴을 가리지 아니하였느니라

주 여호와께서 나를 도우시므로

내가 부끄러워하지 아니하고

내 얼굴을 부싯돌 같이 굳게 하였으므로

내가 수치를 당하지 아니할 줄 아노라

(사 50:4-7)

　　이사야는 50장의 시험이 다른 사람들이 생명을 취하려 할 때에도 생명에 대한 하나님의 주권을 신뢰하느냐를 알아보는 시험이라는 것을 깨달았다. "주 여호와께서 나를 도우시므로 내가 부끄러워하지 아니하고."

하나님이 우리를 지탱하신다

　　예수님은 하나님이 사람들을 자신에게로 인도하실 때 결코 외면하거나 준비되지 않은 모습을 보이지 않으셨다. 예수님은 아버지께 규칙적으로 기도하셨으며 따라서 하나님 바로 그분의 본성으로 인생의 필요에 반응할 준비를 항상 갖추셨다. 예수님은 오직 아버지께서 자신에게 말하라고 하신 것만 말씀하셨다.

너희 중에 여호와를 경외하며

그의 종의 목소리를 청종하는 자가 누구냐

흑암 중에 행하여 빛이 없는 자라도

여호와의 이름을 의뢰하며

자기 하나님께 의지할지어다

보라 불을 피우고 횃불을 둘러 띤 자여

너희가 다 너희의 불꽃 가운데로 들어가며

너희의 피운 횃불 가운데로 들어갈지어다

너희가 내 손에서 얻을 것이 이것이라

너희가 고통이 있는 곳에 누우리라

(사 50:10-11)

예수님은 항상 사람들의 필요를 채울 준비를 하셨다. 그분의 마음과 아버지의 마음은 하나였기 때문이다. 아들은 아버지를 신뢰하고 아버지에게 순종했다. 예수님은 사역을 시작하실 때 가르치며, 전파하며, 치료하며, 제자들을 훈련하는 데 여러 날을 보내셨다. 그러나 성경은 이렇게 말한다. "새벽 아직도 밝기 전에 예수께서 일어나 나가 한적한 곳으로 가사 거기서 기도하시더니 시몬과 및 그와 함께 있는 자들이 예수의 뒤를 따라가 만나서 이르되 모든 사람이 주를 찾나이다(막 1:35-37). 예수님이 몰래 제자들을 떠나신 것은 제자들로 하여금 자신이 어디로 가셨는지 염려하거나 궁금해하도록 하려는 게 아니었다. 예수님은 기도하러 가셨다. 그러나 예수님이 홀로 하나님과 함께 하셔야 했던 시간은 그분의 목적을 새롭게 해주었다—그분의 목적은 사람들에게 진리를 전파하는 것이었다.

예수님이 지역에서 병자들을 고치실 때 병자들과 귀신들린 자들이 그분을 찾아 벌떼처럼 몰려들었다. 예수님이 시몬의 장모를 고치시자(막 1:31) 그분의 소재가 순식간에 드러났다. 고침 받길 원하는 사람들이 금새 몰려들었다. 그 때 예수님은 시몬에게 이렇게 말씀하셨다. "우리가 다른 가까운 마을들로 가자 거기서도 전도하리니 내가 이를 위하여 왔노라"(막 1:38). 예수님은 병자들을 몹시 불쌍히 여기셨다. 그렇지만 치유의 기적은 아버지가 자신 안에 계시고 자신이 아버지의 메시지를 전파한다는 증거일 뿐이었다(요 14:11). 예수님은 아버지께 순종하셨다.

피조물에 대한 주권

이 땅의 왕들이 다스리는 것은 왕위를 물려받았거나 다른 사람에게서 권력을 빼앗았기 때문이다. 그러나 하나님이 주권자이신 것은 환경 때문이 아니다. 하나님이 주권자이신 것은 존재하는 모든 것의 창조자이시기 때문이다(창 1:1). 시편 33편 6-7절은 하나님의 창조 능력과 피조물에 대한 권세를 이렇게 묘사한다.

> 여호와의 말씀으로 하늘이 지음이 되었으며
> 그 만상이 그의 입 기운으로 이루었도다
> 그가 바닷물을 모아 무더기 같이 쌓으시며
> 깊은 물을 곳간에 두시도다

하나님이 다스리시는 것은 누군가로부터 무엇인가를 취하셨기 때문이 아니다. 하나님이 만물 위에 계시는 것은 다른 그 무엇보다 먼저 계셨기 때문이다. 하나님은 우주와 그 가운데 있는 모든 것을 그분의 목적을 위해 창조하셨다. 하나님은 인간을 창조하시고 우리를 돌보셨다(시 8:4). 하나님은 죄의 치료약을 우리에게 주셨다. 그렇게 하지 않으셨다면 죄가 우리와 하나님을 갈라놓을 것이다(엡 1:4-8).

에베소서 1장 4-8절은 하나님이 우리를 이 땅에 두신 것은 그분을 섬기게 하기 위해서라고 말한다. 하나님은 세상을 창조하시기도 전에 우리를 선택하셨다.

> 곧 창세 전에 그리스도 안에서 우리를 택하사 우리로 사랑 안에서 그 앞에 거룩하고 흠이 없게 하시려고 그 기쁘신 뜻대로 우리를 예정하사 예수 그리스도로 말미암아 자기의 아들들이 되게 하셨으니 이는 그가 사랑하시는 자 안에서 우리에게 거저 주시는 바 그의 은혜의 영광을 찬송하게 하려는 것이라 우리가 그리스도 안에서 그의 은혜의 풍성함을 따라 그의 피로 말미암아 속량 곧 죄 사함을 받았느니라 이

는 그가 모든 지혜와 총명을 우리에게 넘치게 하사

"사랑 안에서"(사랑으로, 사랑 때문에), 하나님은 우리를 그분의 상속자로 입양할 준비를 하셨다. 하나님은 우리와 인격적인 관계를 가지려고 그분의 아들의 피로 우리 죄를 사하셨다. 미리, 하나님은 분에 넘치는 은혜를 베푸셨으며 그분의 모든 지혜와 총명이 우리에게 "넘치게" 하셨다.

하나님은 또한 다른 모든 권세와 법을 다스리시며 죄를 사하시고 생명을 주시는 그분만의 능력을 갖고 계신다. "통치자들과 권세들을 무력화하여 드러내어 구경거리로 삼으시고 십자가로 그들을 이기셨느니라"(골 2:15). 주권은 창조자이신 하나님의 길이다.

예수님은 폭풍의 주권자라는 것을 보여주실 때 피조물에 대한 하나님의 능력을 입증하셨다(막 4:35-44). 예수님은 단지 폭풍에게 잠잠하라고 명하기만 하셨는데 그대로 되었다. 예수님은 또한 그물이 찢어질 만큼 많은 물고기가 베드로의 배로 모여들게 하셨다(눅 5:1-6). 하나님은 피조물의 주권자시다.

(하나님은 무엇이든 하실 수 있다

나는 지진을 겪을 때마다 하나님의 전적인 주권을 떠올렸다. 벽이 움직이기 시작하고 전구가 천장에 닿을 만큼 흔들리기 시작하며 건물에 금이 가고 바닥이 발 아래서 파도처럼 요동칠 때, 갑자기 오직 하나님의 은혜만이 이러한 요동을 멈추고 우리의 생명을 구할 수 있다는 것을 깨닫는다.

갈릴리 바다의 폭풍이 제자들을 삼키려 할 때 예수님은 폭풍을 향해 말씀하셨다. "잠잠하라 고요하라." 예수님은 그분의 피조물에게 창조자의 모든 권세로 말씀하셨다. 하나님은 주권자이기 때문에 폭풍이나 지진을 멈추실 수 있다. 그분은 주권자이기 때문에 가장 악한 죄인도 구원하실 수 있다. 그분은 나라를 일으키실 수도 있고 무너뜨리실 수도 있다. 하나님은 주권자이기 때문에 그분이 원하시는 것은 무엇이든 하실 수 있다.

염려를 다스리시는 주권자

느부갓네살과 바벨론 사람들은 오래 전에 사라졌지만 하나님의 주권적인 임재는 지금도 그분의 백성 가운데서 계속되고 있다. 그러나 우리로 하여금 하나님의 통치를 보지 못하게 하는 것들이 지금도 우리 주변에 있다. 예수님은 다음과 같이 말씀하시면서 진리를 선포하셨다. "한 사람이 두 주인을 섬기지 못할 것이니 혹 이를 미워하고 저를 사랑하거나 혹 이를 중히 여기고 저를 경히 여김이라 너희가 하나님과 재물을 겸하여 섬기지 못하느니라"(마 6:24).

당신은 이렇게 생각할지 모른다. '좋은 말씀입니다. 하지만 저는 돈의 노예가 아니에요.' 그러나 돈이 있느냐 없느냐에 따라 삶의 중요한 결정을 내리는가? "비용"처럼 실제적인 것들을 따지면서 하나님께 순종할 것인지의 여부를 결정하는가? 당신의 머리 속에 "아뇨!"라는 대답이 즉시 떠오르지 않는다면 당신은 어쩌면 자신이 생각하는 것보다 더 많이 돈의 지배를 받고 있을 것이다.

당신이 하나님을 섬기는 데 장애가 되는 방해 목록에서 돈을 신속히 지웠다고 하자. 그렇다고 하더라도 당신의 주인 노릇을 하려는 "실제적인" 후보들이 많다. 돈이라는 강력한 후보를 제거했다 하더라도 또 다른 유력한 후보가 남아 있다. 그것은 염려다.

주권은 하나님의 길이 분명하다. 그러나 염려는 의심의 상징일 수 있으며, 하나님을 모든 것의 주권자로서 신뢰하고 있지 않다는 증거일 수 있다. 계속해서 염려한다면 주권적인 주시요 창조자로서의 하나님의 본성을 어떻게 제대로 증거할 수 있겠는가? 예수님은 아버지를 섬기려는 사람이 직면하는 딜레마를 가르치시면서 이렇게 말씀하셨다. "그러므로 내가 너희에게 이르노니 목숨을 위하여 무엇을 먹을까 무엇을 마실까 몸을 위하여 무엇을 입을까 염려하지 말라 목숨이 음식보다 중하지 아니하며 몸이 의복보다 중하지 아니하냐…너희는 먼저 그의 나라와 그의 의를 구하라 그리하면 이 모든 것을 너희에게 더하시리라"(마 6:25, 33).

믿는 자들이 염려할 때, 사실은 상황을 주관하려고 애쓰고 있는 것일 수 있다. 또한 자신들의 상황이 하나님에게 너무 어렵다고 믿는 것을 보여주는 것일 수 있다. 그러나 하나님은 모든 것을 주관하시는 궁극적인 능력이 자신에게 있다는 것을 성경 전체에서 보여주셨다. 하나님은 우리가 그분의 다스림을 받고 세상에 대한 그분의 주권을 믿으면서 행동하길 원하신다.

하나님은 우리가 그분을 찾길 원하신다. 우리가 그분을 찾을 때 받는 상은 우리의 삶에서, 우리의 삶을 통해 이루어지는 그분의 역사다. 우리가 우리의 주권자를 섬길 때 그분은 우리를 사용하실 것이다. 그러나 하나님은 결코 우리의 의지를 토대로 행동하지 않으시며 그분의 주권적인 통치를 따라 행동하신다. 하나님이 당신을 통해 일하시는 목적은 당신이 성공하거나 심지어 염려에서 자유하도록 돕는 게 아니라 당신의 삶을 자신을 계시하는 수단으로 사용하는 것이다. 하나님이 거기 계시는 것은 지켜보는 세상에 당신을 계시하기 위해서가 아니다. 하나님이 거기 계시는 것은 갈망하고 아파하며 지켜보는 세상에 하나님 자신을 계시하기 위해서다.

염려할 것인가? 믿을 것인가?

예수님은 산상설교에서 염려에 관해 많이 말씀하셨다(마 6:19-34).

그분의 말씀을 함께 살펴보자. 예수님은 우리의 보화를 어디에 쌓아둘 것인가를-하늘이냐 땅이냐를-먼저 결정해야 한다고 말씀하셨다. 그분은 땅의 모든 보화는 도둑 맞거나 시간이 지나면서 닳거나 썩어버릴 것이라고 말씀하셨다.

로이 마리와 안나 마리 부부가 해외 선교사로 파송되던 날, 당시 선교회 회장이던 베이커 제임스 코던은 임명장을 주면서 이렇게 말했다. "로이 마리와 안나 마리, 오끼나와로 가면 보화를 손에 움켜쥐지 말고 마음에 담으세요."

몇 년 후, 로이는 코던 박사에게 왜 그때 그런 말을 했느냐고 물었다. 코던 박사는 그것은 자신이 생각해 두었던 말이 아니라고 했다. 그는 하나님이 마음에 주시는 말을 했을 뿐이라고 하면서 로이가 왜 묻는지 궁금해했다. 로이는 오끼나와에 도착해서 처음 4년 동안 여러 차례 도둑을 맞아 타자기, 귀금속, 카메라 등을 잃어버렸다고 했다.

예수님은 믿는 자는 누구든지 하나님과 물질 중에 누가 자신의 삶을 다스릴지를 결정해야 한다고 말씀하셨다. 믿는 자는 그 누구라도 두 주인을 섬길 수 없다(마 6:24). 예수님은 우리에게 하늘에 계신 아버지, 곧 자신의 모든 피조물을 돌보시고 공중의 새까지도 돌보실 만큼 사랑이 많으신 아버지가 있다는 것을 상기시켜 주셨다. 하나님이 공중의 새들을 먹이신다면 우리도 틀림없이 먹이실 것이다.

무명의 저자가 지은 시에 이런 구절이 있다.

울새가 참새에게 하는 말
"친구야, 정말 알고 싶은 게 있어
인간들은 왜 그렇게 분주하며
왜 그렇게 염려하는 걸까?"
참새가 울새에게 대답하는 말
"친구야, 내 생각에는
인간들에게는 너와 나를 돌보시는
하늘에 계신 하나님이 없는 게 틀림없어."

    한 위대한 성경 선생의 이야기를 들은 적이 있다. 어느 춥고 눈이 오는 겨울 날, 선생은 가던 길을 멈추고는 간밤에 얼어죽은 참새 한 마리를 집어 들었다. 그리고는 두르고 있던 목도리를 풀어 죽은 참새를 쌌다. 그는 함께 가던 제자들이 아무 말 없이 지켜보는 사이 어느 헛간으로 들어가 괭이와 삽을 들고 나와 구덩이를 파고 죽은 참새를 목도리에 싼 채 묻었다. 그리고는 이렇게 말했다. "이 작은 새를 묻어주는 것은 이 새가 죽을 때 거기 계셨던 분에게 경의를 표하기 위해서라네. 예수님은 참새 한 마리가 떨어질 때도 하나님이 다 아신다고 하셨지."

    염려한다고 내일의 염려가 사라지는 것은 아니라는 말이 있다. 염려는 오늘의 힘이 사라지게 할 뿐이다.

환경을 다스리시는 주권자

하나님이 당신을 통해 일하시는 목적은 당신이 성공하도록 돕는 게 아니라 당신의 삶을 통해 하나님 자신을 나타내는 것이다. 하나님이 거기 계시는 것은 지켜보는 세상에 당신을 나타내기 위해서가 아니라 지켜보는 세상에 하나님 자신을 나타내기 위해서다. 하나님의 위대하심에 대한 우리의 증거를 무효화하는 가장 일반적인 방법은 염려하며 안달하는 것이다. 잠시 상황에서 물러나 하나님의 말씀을 묵상한다면 하나님을 알고 그분이 주권자라는 것을 알기에 더 깊은 평안을 누릴 수 있을 것이다.

믿는 자들의 일상 생활은 비그리스도인들의 일상 생활과 달리 믿을 수 없을 만큼 놀라운 평안으로 넘쳐야 한다. 하나님은 그분의 성품과 당신을 그분의 자녀 삼으려고 하신 일에 기초한 평안을 주신다.

> 또 무엇을 하든지 말에나 일에나 다 주 예수의 이름으로 하고 그를 힘입어 하나님 아버지께 감사하라
>
> (골 3:17)

하나님이 삶의 모든 부분에서 주권자로 다스리신다는 사실을 알면 그분이 어떤 상황에도 당신 곁에 계신다는 것도 알 것이다. 그분이 계신 곳에는 평안이 다스린다. 당신을 지켜보는 사람들은 당신이 그들과 동일한 상황을

겪지만 하나님께 기초한 시각 때문에 차이를 낳는 것을 보아야 한다. 사람들은 당신에게서 하나님의 성령의 열매를 볼 수 있어야 한다(갈 5:22-23).

행복

어떤 사람들은 주식 시장을 볼 때마다 낙담한다. 왜냐하면 경제적인 결정 뿐 아니라 행복에 대한 생각까지도 하나님과의 관계가 아니라 시장의 흐름이나 최근의 비즈니스 저널 기사에 기초하기 때문이다. 이들은 세상이 말하려는 것에 맞추고자 온갖 일을 미친 듯이 재배열한다. 그리스도인의 책임은 세상을 향해 믿음의 모델이 되는 것이다. 사람들은 주식 시장에서 머리와 가슴을 다스리시는 주권자가 주시는 평안으로 행동하는 사람을 볼 수 있어야 한다. 더 좋게는 하나님이 은퇴를 포함해서 주식 시장 밖에서 우리의 모든 필요를 주권적으로 채우시는 것을 볼 수 있어야 한다. 믿음은 하나님의 본성, 하나님의 길, 하나님의 공급하심에 기초한다(고후 9:8-9).

뉴먼(J. H. Newman)은 이렇게 노래했다.

내 갈 길 멀고 밤은 깊은데

빛 되신 주

저 본향 집을 향해 가는 길

비추소서
내 가는 길 다 알지 못하나
한 걸음씩 늘 인도하소서

너희를 위하여 보물을 땅에 쌓아 두지 말라 거기는 좀과 동록이 해하며 도둑이 구멍을 뚫고 도적질하느니라 오직 너희를 위하여 보물을 하늘에 쌓아 두라 거기는 좀이나 동록이 해하지 못하며 도둑이 구멍을 뚫지도 못하고 도둑질도 못하느니라 네 보물 있는 그 곳에는 네 마음도 있느니라

(마 6:19-21)

  사랑하는 내 친구가 하루하루를 암과 싸우고 있었다. 그러나 하나님은 고통을 통해 큰 지혜를 말씀하셨다. 어느 날 그 친구가 이렇게 말했다. "하나님은 내게 오늘을 두 강도 사이, 다시 말해 어제와 내일 사이에 못 박지 말라고 하셨네."

  언젠가 그 친구가 힘든 시간을 보내고 있을 때였다. 나는 그에게 하나님에게서 받은 지혜가 있냐고 물었다. 그는 하나님은 죽지 않을 날에는 죽음의 은혜를 허락하지 않으신다는 것을 깨달았다고 했다. 그 친구는 하나님이 본향으로 데려갈 준비가 되신 날에야 그 은혜를 주신다고 했다. 그는 하나님이 시간과 고통과 심지어 죽는 순간까지 주관하신다는 것을 알았다.

  예수님은 누가복음 12장 32절에서 이렇게 약속하셨다. "적은 무리

여 무서워 말라 너희 아버지께서 그 나라를 너희에게 주시기를 기뻐하시느니라." 또한 이렇게 약속하셨다. "평안을 너희에게 끼치노니 곧 나의 평안을 너희에게 주노라 내가 너희에게 주는 것은 세상이 주는 것과 같지 아니하니라 너희는 마음에 근심하지도 말고 두려워하지도 말라"(요 14:27).

예수님은 이렇게 말씀하셨다. "그러므로 내일 일을 위하여 염려하지 말라 내일 일은 내일이 염려할 것이요 한 날의 괴로움은 그 날로 족하니라"(마 6:34). 예수님은 우리에게 하나님의 임재와 능력과 사랑 안에서, 하루하루씩 살라고 말씀하셨다. 시편 기자는 시편 61편 8절에서 이렇게 말했다. "그리하시면 내가 주의 이름을 영원히 찬양하며 매일 나의 서원을 이행하리이다."

우리가 가진 모든 것의 주권자

우리는 믿는다고 말하는 대로 살고 있는가? 아이들에게는 우리가 이렇게 살고 있는지를 보는 방식이 있다. 염려는 돈 문제와 연관될 때가 많은 것 같다. 이것은 우리가 하나님을 신뢰해야 하는 보다 중요한 이유이기도 하다. 어린 시절, 우리 집에는 돈이 다 떨어지는 경우가 허다했다. 그러나 그럴 때마다 아버지는 시편의 한 구절을 인용하셨다.

내가 어려서부터 늙기까지
의인이 버림을 당하거나
그의 자손이 걸식함을 보지 못하였도다
(시 37:25)

우리는 돈이 다 떨어졌지만 결코 구걸할 필요가 없었다. 우리는 하나님이 공급하시는 것을 알았다. 나는 내 가족의 삶에서 내가 아는 최선의 방법으로 살았으며, 하나님은 언제나 공급해주셨고 때로는 마지막 순간에 가서야 공급해주셨다. 이제 나는 자녀들 하나하나가 각자의 가정에서 하나님이 날마다 그들의 필요를 채우시리라고 믿는 모습을 본다.

하나님이 공급하신다

브리티시 콜롬비아에서 목회를 하는 아들에게서 전화가 왔다. 그는 진지하게 말문을 열면서 이렇게 말했다. "아버지, 제가 이 교회에 부임할 때 교인이 열일곱 명뿐이었고 게다가 온통 상처와 어려움뿐이었습니다. 그런데 이제 교회가 성장해 가고 있고, 지난주에는 몇 사람이 신앙을 고백했습니다. 이제 출석 인원도 백 명이 넘습니다. 복음이 몇몇 사람의 삶을 완전히 바꿔 놓았으며, 어른들과 청년들과 대학생들을 바꿔 놓았습니다. 전에는 한 번도 본 적이 없는 모습입니다." 그런 후에 그는 이렇게 덧붙였다. "그런데 아버지, 왜 하나님이 이렇게 크게 복을 주실 때 헌금은 가장 적게 나오는 걸까요? 이번 달 말에 사례비를 받을 수 있을지도 의문입니다."

> 여호와 만군의 하나님이여
> 주와 같이 능력 있는 이가 누구리이까
> 여호와여 주의 성실하심이 주를 둘렀나이다
> 주께서 바다의 파도를 다스리시며
> 그 파도가 일어날 때에 잔잔하게 하시나이다...
> 하늘이 주의 것이요 땅도 주의 것이라
> 세계와 그 중에 충만한 것을 주께서 건설하셨나이다
>
> (시 89:8-11)

나는 즉시 말을 가로막을 수도 있었지만 기다렸다. 그러자 아들은 이렇게 말했다. "하나님이 공급하실 거라는 것은 알아요."

그때 나는 속으로 하나님께 기도했다. "아버지, 저도 당신이 공급하시리라는 것을 압니다. 그러나 당신이 어떻게 공급하실지, 어떻게 공급하실 수 있는지는 알지 못합니다. 하지만 아버지, 이것을 제 아들과 그의 작은 가족과 그의 온 교회와 지켜보는 세상이 당신이 그의 삶에서 성경 말씀대로 정확히 행하실 수 있다는 것을 보는 놀라운 기회로 삼지 않으시겠습니까?"

얼마 후, 나는 조지아주에서 열리는 어느 모임에 참석하고 있었다. 그때 어떤 목사가 나를 찾아와 이렇게 말했다. "헨리 목사님, 드릴 말씀이 있습니다. 주일에 사무실에 앉아 있는데 어떤 사람이 오더니 수표를 한 장 내밀면서 이렇게 말했습니다. '브리티시 콜럼비아에 있는 작은 교회에 도움이 필요한 것 같아서요.' 그 말을 남기고는 나가 버렸습니다. 저는 그 수표를 물끄러미 쳐다보았지요. 5천 달러짜리 수표였습니다." 하나님은 그분이 하시리라고 말씀하신 것을 정확히 이행하셨다. 하나님은 공급자시다(창 22:14).

하나님의 무한한 능력

신뢰와 드림은 하나님의 주권과 관계가 있다. 마가복음 12장 41-42절과 누가복음 21장 1-4절에서, 예수님은 몹시 분주했던 하루를 마감하시면서 이상한 일을 하셨다. 마가는 이렇게 말한다. "예수께서 헌금함을 대하여 앉으사 무리가 어떻게 헌금함에 돈 넣는가를 보실새 여러 부자는 많이 넣는데 한 가난한 과부는 와서 두 렙돈 곧 한 고드란트를 넣는지라."

예수님이 앉아서 사람들이 연보하는 것을 지켜보셨다는 데 주목하라. 예수님 당시에는 나팔로 알려진 열세 개의 연보궤가 있었다. 각각의 연보궤는 성전 사역의 한 부분을 대표했다. 연보궤를 나팔이라고 부른 이유는 위쪽이 아래쪽보다 컸기 때문이었다. 동전을 넣으면 땡그랑 소리가 났다.

부자들은 많은 연보를 넣었으나 가난한 과부는 겨우 "두 푼"밖에 넣지 못했다. 그러나 예수님은 가난한 여자가 다른 모든 사람들보다 많이 넣었다고 말씀하셨다(막 12:43). 예수님은 부자들은 부유하고 풍성한 중에 드렸다고 설명하셨다. 그러나 과부는 가난한 중에 자신이 가진 전부를 드렸다고 말씀하셨다. 과부의 연보는 큰 믿음의 행위를, 염려와는 반대되는 것을 의미했다. 과부는 하나님이 필요를 채우시리라고 믿고 자신이 가진 모든 것을 그분께 드렸다.

풍성한 가운데서 드리는 것은 비교적 쉽다. 그러나 가난한 가운데 드리려면 강한 믿음이 필요하다. 과부의 연보는 큰 소망의 행동이었다. 그녀의 마음은 하늘과 영원에 있었다. 예수님은 이렇게 말씀하셨다. "오직 너희를 위하여 보물을 하늘에 쌓아…네 보물 있는 그 곳에는 네 마음도 있느니라(마 6:20-21).

"이 과부는 그 가난한 중에서 자기의 모든 소유 곧 생활비 전부를 넣었느니라"(막 12:44). 예수님은 바로 전에 가장 큰 계명이 무엇인가라는 율법사의 말에 대답하셨다. "네 마음을 다하고 목숨을 다하고 뜻을 다하고 힘을 다하여 주 너의 하나님을 사랑하라 하신 것이요 둘째는 이것이니 네 이웃을 네 자신과 같이 사랑하라 하신 것이라 이보다 더 큰 계명이 없느니라"(막 12:30-31). 가난한 과부는 하나님을 사랑했고 자신이 가진 모든 것을 그분에게 드렸다. 과부는 또한 이웃도 사랑했다. 왜냐하면 나팔에 모인 십일조와 연보는 사람들의 필요와 예배의 필요를 채우는 데 사용되었기 때문이다. 과부는 하나님께 드리고 이웃에게 주어 하나님의 계명을 지켰다. 과부의 드림은 믿음과 소망과 사랑을 의미했다.

드림은 하나님의 주권을 인정하는 것이다

바울은 고린도전서 13장 13절에서 이렇게 말했다. "그런즉 믿음, 소망, 사랑, 이 세 가지는 항상 있을 것인데 그 중의 제일은 사랑이라." 우리가 번 것의 십분의 일, 곧 십일조와 그 밖의 연보를 드리는 것은 하나님이 우리가 가진 모든 것의 주인이심을 인정하는 것이다. 우리가 가장 적은 액수에도 충실할 때, 하나님은 우리의 삶에서 더 큰 것을 맡기신다. 바울은 또한 이렇게 말했다. "각각 그 마음에 정한대로 할 것이요 인색함으로나 억지로 하지 말지니 하나님은 즐겨 내는 자를 사랑하시느니라"(고후 9:7).

아우카 인디언들의 창에 순교한 다섯 선교사 가운데 하나인 짐 엘리어트는 대학교 졸업반 때 이렇게 썼다. "영원한 것을 얻고자 영원할 수 없는 것을 버리는 자는 바보가 아니다."[미주 3] 하나님께 대한 믿음과 신뢰는 하나의 선택이다. 우리는 염려할 수도 있고 주권자이신 하나님을 신뢰할 수도 있다. 우리는 자신의 길을 고집할 수도 있고 무엇을 해야하는지 알기 위해 하나님의 지혜와 인도를 받아들일 수도 있다.

> 생각해 보라
> −기도해 보라

예수님은 능력으로 사역하셨지만 하늘에 계신 아버지의 가르침과 인도를 구하셨다. "내가 아버지 안에 거하고 아버지는 내 안에 계신 것을 네가 믿지 아니하느냐 내가 너희에게 이르는 말은 스스로 하는 것이 아니라 아버지께서 내 안에 계셔서 그의 일을 하시는 것이라 내가 아버지 안에 거하고 아버지께서 내 안에 계심을 믿으라 그렇지 못하겠거든 행하는 그 일로 말미암아 나를 믿으라"(요 14:10−11).

우리는 아버지를 얼마나 잘 섬기고 있는가? 그분은 당신이 그분의 가르침과 인도를 구할 거라고 믿으실 수 있는가? 하늘에 계신 아버지, 곧 당신의 주권자와 이것을 의논해 보라.

> 여호와의 눈은 온 땅을 두루 감찰하사 전심으로 자기에게 향하는 자들을 위하여 능력을 베푸시나니
>
> (대하 16:9)

오직 성령의 열매는 사랑과 희락과 화평과 오래 참음과 자비와 양선과 충성과 온유와 절제니 이같은 것을 금지할 법이 없느니라

(갈 5:22-23)

● 다니엘이 체제에 대한 저항을 선택한 것은 순전히 압력 때문만은 아니었다. 그의 선택은 하나님의 주권적인 권리, 곧 그의 주가 되셔야 하는 권리에 기초한 것이었다. 다니엘의 행동은 그가 하나님에 대해 무엇을 믿는지 보여주었다. 다니엘은 그 누구도 두 주인을 섬길 수 없다는 것을 알았다. 다니엘은 가장 큰 위험은 왕의 노여움이 아니라 하나님의 노여움이라고 생각했다. 하나님의 반응은 그분이 상황을 어떻게 바꾸시는가를 보여주었다. 다니엘은 선택을 했으며, 평생 하나님께 순종하고 충성했다. 지금이 주권자이신 하나님께 기도하며, 그분에게 순종하고 충성하려는 선택을 새롭게 하기 좋을 때다.

● 당신이 하고 있는 일이 당신이 할 수 있다는 것을 모두가 알고 있는 일이라면 사람들은 당신만 볼 뿐 하나님을 보지 않을 것이다. 우리는 계획을 세우면서 우리가 그 계획을 이룰 수 있음을 먼저 확인하여 성공을 확보하려 할 때가 많다. 이때 하나님은 이렇게 말씀하신다. "그 일에 대해서는 내게 복을 구하지 마라. 그 일은 나를 드러내지 않을 것이기 때문이다. 네가 그 일을 할 수 있다는 것을 네가 이미 알고 있지 않느냐? 사람들이 그 일로 네가 종교적인 사람이라는 것밖에 무엇을 더 알 수 있겠느냐?" 그러나 당신이 하나님과 그분의 말씀과 그분의 길에 관한 지식을 기초로 믿음

으로 행하고 하나님을 확실히 신뢰함으로 행할 때, 사람들은 하나님이 일하시는 것을 볼 수 있다. 사람들은 당신이 아니라 당신의 하나님을 보면서 그분을 알게 될 것이다.

● 산상설교는 본질상 우리 주님께서 제자들을 가르치시며 그들이 세상 나라에서 나와 세상 속에서 역사하는 하나님의 나라를 향하도록 도우시는 것이다. 예수님은 결코 "아버지여, 이들을 이 세상에서 데려가 주십시오"라고 기도하지 않으셨다. 예수님은 이렇게 기도하셨다. "내가 비옵는 것은 그들을 세상에서 데려가시기를 위함이 아니요 다만 악에 빠지지 않게 보전하시기를 위함이니이다"(요 17:15). 하나님은 우리가 어둠이 있는 곳에 빛이 되며 부패한 곳에 소금이 되게 하려 하신다. 그분의 임재를 통해 계시하며, 보전하며, 맛을 내는 삶을 살면서 말이다. 하나님은 우리가 이 세상에 심겨지지만 세상과 전혀 다르게 살길 원하신다. 그분은 우리가 주권자를 아는 자로 살며 그분의 뜻을 행하길 원하신다. 이 문제를 놓고 기도하라.

● 당신은 필요한 모든 자원을 다 갖고 있지는 못할 것이다. 하나님이 이렇게 하신 것은 당신이 믿음으로 그분을 향하며 그분을 공급자로 알게 하기 위해서다. 하나님이 그분을 드러내실 기회를 만드실 때마다 당신이 염려하고 초조해하며 모든 것을 자기 힘으로 처리하거나 그분에게 물어 보지도 않고 스스로 결정을 내린다면, 당신은 어떤 일이 가능할 수 있는지 결코 알 수 없을 것이다. 기억하라. 하나님이 하나님이시며 당신은 하나님이 아니라는 사실을. 하나님은 모든 것의 주권자시며 당신의 소유와 필

요에 대해서도 주권자시다. 먼저 하나님이 이 진리에 반응하는 당신의 기도를 빚으시게 하여 그분을 보다 깊이 신뢰하라.

미주

1. E. Y. Mullins, *The Christian Religion in Its Doctrinal Expression* (Nashville: Sunday School Board of the Southern Baptist Convention, 1932), 219.
2. Ibid.
3. Elisabeth Elliot, *Shadow of the Almighty: The Life and Testament of Jim Elliot* (New York: Harper & Brothers, 1958), 15.「전능자의 그늘」(서울: 복있는 사람, 2002)

109

하나님의 길은 주권적이다

04 (하나님의 길은 거룩하다)

거기 대로가 있어 그 길을 거룩한 길이라 일컫는 바 되리니 깨끗하지 못한 자는 지나가지 못하겠고 오직 구속함을 입은 자들을 위하여 있게 될 것이라 우매한 행인은 그 길로 다니지 못할 것이며

이사야 35:8

하나님은 거룩하시다! 요한은 하늘에서 이런 소리가 들렸다고 기록했다. "거룩하다 거룩하다 거룩하다 주 하나님 곧 전능하신 이여 전에도 계셨고 이제도 계시고 장차 오실 이시라"(계 4:8). 그러나 우리는 '거룩하다'(holy)라는 단어의 의미를 생각하지 않고 사용할 수도 있다. '거룩하다' 라는 단어는 "구별되다, 다른 모든 것들과 완전히 구별되며 다른 모든 것 위에 있다"는 뜻이다. 하나님의 길은 완전하다(시 18:30). 믿는 자들은 거룩한 하나님의 선민(選民)이며, 그분을 위해 구별된 자들이다(벧전 2:9-10). 우리는 하나님의 거룩한 나라요 왕같은 제사장이며 주권자 하나님의 영광을 위해 섬기며 헌신된 자들이다.

> 그러나 너희는 택하신 족속이요 왕 같은 제사장들이요 거룩한 나라요 그의 소유가된 백성이니 이는 너희를 어두운 데서 불러 내어 그의 기이한 빛에 들어가게 하신 이의 아름다운 덕을 선포하게 하려 하심이라 너희가 전에는 백성이 아니더니 이제는 하나님의 백성이요 전에는 긍휼을 얻지 못하였더니 이제는 긍휼을 얻은 자니라
>
> (벧전 2:9-10)

하나님의 본성은 우리의 본성과 다르다. 그러므로 하나님의 길은 우리의 길과 다르다. 하나님의 길은 언제나 그분의 본성을 표현한다. 예를 들면, 이사야는 하나님의 길은 그분과 그분의 백성이 다니는 대로(大路)와 같다고 말한다. 하나님은 본성적으로 거룩하시기 때문에 그분의 길은 거룩의

대로다(사 35:8). 같은 구절은 또한 이 때문에 "깨끗하지 못한 자는 지나가지 못하겠고"라고 말한다. 하나님이 자신을 통해 일하시는 것을 경험하길 원하지만 마음이나 삶이 깨끗하지 못한 그리스도인이라면 지도자든 평신도든 간에 하나님이 자신을 통해 일하시는 것을 경험하지 못할 것이다(시 24:3-6). 하나님의 길 가운데 하나는 거룩이므로, 그분은 깨끗하지 못한 삶을 통해서는 일하시지 않을 것이다.

하나님과의 관계를 통해, 우리는 그분처럼 되며 그분이 거룩하듯이 거룩하게 되라는 명령을 받았다. 믿는 자들의 삶은 아버지와의 관계에 기초한다. 이 관계는 믿는 자들의 삶을 빚어 그들의 삶이 하나님이 다니시면서 그분의 백성에게 부흥을 일으키시며 그분을 알지 못하는 자들에게 영적 각성을 일으키시는 길이 되게 할 수 있다. 이를 위해, 하나님은 믿는 자들의 삶이 거룩의 대로가 되기를 요구하신다. 그러나 거룩하다는 것이 무슨 뜻인가?

거룩의 대로

거룩은 관계를 위한 하나님의 요구다. 죄 때문에, 우리의 길은 우리 눈에는 바르게 보일 수 있더라도 결국은 멸망에 이를 것이다.

하나님은 거룩하시기 때문에 우리의 죄를 해결하지 않고는 그분 앞에 설 수 없다. 시편 24편 4-6절은 하나님의 성소에 올라갈 자에 대해 이렇게 말한다.

곧 손이 깨끗하며 마음이 청결하며
뜻을 허탄한 데에 두지 아니하며 거짓 맹세하지 아니하는 자로다
그는 여호와께 복을 받고
구원의 하나님께 의를 얻으리니
이는 여호와를 찾는 족속이요
야곱의 하나님의 얼굴을 구하는 자로다

하나님의 성소에 올라갈 수 있으려면 하나님이 제시하시는 거룩의 기준을 충족시켜야 한다. 그 기준을 충족시키면 하나님의 복을 받고 그분의 심판을 면할 것이다. 이것이 하나님을 찾는 모든 세대의 본성이다. 하나님은 이들의 삶을 변화시키시며 따라서 이들은 하나님의 거룩을 나타내며 존중할 것이다. 하나님은 또한 그분의 백성, 곧 거룩의 대로를 통해 잃어버린 자들에게 다가가 그들에게 복을 주시고 그들을 의롭게 하실 수 있다.

114 신약성경에 나타난 거룩

하나님의 거룩이 믿는 자들의 삶을 형성한다는 개념은 신약성경에서 거듭 나타난다. 예수님은 산상설교에서 이렇게 말씀하셨다.

마음이 청결한 자는 복이 있나니

그들이 하나님을 볼 것임이요

(마 5:8)

베드로는 이렇게 말했다. "오직 너희를 부르신 거룩한 이처럼 너희도 모든 행실에 거룩한 자가 되라 기록되었으되 내가 거룩하니 너희도 거룩할지어다"(벧전 1:15-16).

베드로는 레위기 11장 44-45절, 19장 2절, 20장 7절을 인용하면서 그분의 백성은 그분처럼 되어야 한다는 아버지의 명령을 재확인했다. 이때는 하나님의 백성이 거룩해야 하는 중요한 순간이었다. 하나님은 이들에게 로마 제국을 가로지르는 그분의 대로가 되라고 명령하셨다. 이들이 이러한 하나님의 길을 따르지 않았다면 하나님을 저버렸을 뿐 아니라 하나님이 자신들을 통해 다가가길 원하셨던 모든 사람들까지 저버린 게 되었을 것이다.

우리 삶의 죄는 거룩과 상반된 것으로 우리를 하나님의 목적에 쓰임 받지 못하게 한다.

오직 너희 죄악이 너희와 너희 하나님 사이를 갈라 놓았고
너희 죄가 그의 얼굴을 가리어서 너희에게서 듣지 않으시게 함이니라

(사 59:2)

하나님의 거룩은 조롱당하지 않는다. 하나님은 그분의 의의 기준을 사랑하며 거기에 순종하지 않으려는 자들에게는 응답하지 않으실 것이다.

경고

하나님이 분명히 역사하시는 교회가 있었다. 하나님의 능력으로, 수천 명이 죄를 깨닫고 그리스도께 돌아왔다. 많은 교인이 땅과 집을 팔아 그 돈을 지도자들에게 가져와 복음을 받아들이는 가난한 사람들을 위해 써달라고 했다. 인자(仁慈)를 실천하는 데 가난한 자들을 먹이며 집 없는 자들에게 집을 주는 것보다 나은 방법이 어디 있겠는가?

교회 지도자들 중 한 사람이 땅을 조금 팔아 그 돈을 교회에 내놓았다. 교인 중에 어떤 부부가 그 지도자의 헌신에 감동되어 자신들도 똑같이 하기로 했다. 남편의 이름은 "하나님은 은혜로우시다"는 뜻이었고 아내의 이름은 "아름답다"는 뜻이었다. 부부는 하나님 나라를 위해 사용하도록 땅을 조금 팔아 그 돈을 바치겠다고 교회 앞에 선언했다.

부부는 교인들에게 알려졌고 아마도 존경받았을 것이다. 이들은 주변인이나 적이 아니었다. 이들은 다른 사람들이 하는 것에 감동했으며 진정으로 자신의 몫을 하고 싶어했다.

땅값은 생각보다 많았다. 그러자 이들의 마음에 악이 침입하기 시작했다. 이들은 횡재한 돈의 일부를 따로 챙기기로 했으며, 그러면서도 약속대로 다 바쳤다고 말하기로 했다. 이들은 거짓말을 하고 땅값을 예상보다 많이 받지 않은 척 하기로 했다. 사단은 내부자를 이용하여 교회에 심판을 초래하고 하나님의 일을 중단시키려 했다.

그러나 하나님은 한 지도자에게 담대함과 분별력을 주셨다. 남편은 다시 돈을 바치러 와서 거짓말을 하다가 그 자리에서 죽고 말았다. 잠시 후, 아내가 남편이 어떻게 되었는지 보려고 왔다가 정말 바친 돈이 땅값의 전부냐는 질문을 받았다. 아내는 그렇다고 대답했으며, 남편과 똑같이 그 자리에서 죽고 말았다.

하나님은 조롱받지 않으시며, 특히 그분의 거룩은 조롱받지 않으신다. 하나님은 그분의 백성에게 진리와 거룩을 기대하신다. 이 이야기는 2천년 전에 일어났으며 사도행전 5장 1-11절에 기록되어 있다.

언젠가 늙은 농부가 말했듯이 "하나님은 가을에 추수하지 않으실지 모르지만 그분의 곡식을 반드시 거두실 것이다." 아나니아와 삽비라의 예는 섬뜩할 정도로 가혹하게 보일지 모른다. 그러나 이것은 교회 안에 있는 사람들에게 죄가 얼마나 심각하고 위험한지를 보여준다. 말 그대로 죄는 삶과 증인들을 무너뜨리며 그리스도 운동을 쇠퇴시킨다. 행위에 대한 열매는 반드시 거두게 마련이다. 마음이 떠날 때, 행위가 떠나며 추수가 뒤따른다. 하나님은 우리 삶의 열매를 보시고 마음 상태를 아실 수 있다. "스스로 속이지 말라 하나님은 업신여김을 받지 아니하시나니 사람이 무엇으로 심든지 그대로 거두리라 자기의 육체를 위하여 심는 자는 육체로부터 썩어질 것을 거두고 성령을 위하여 심는 자는 성령으로부터 영생을 거두리라"(갈 6:7-8).

거룩한 삶

거룩은 하나님의 길이다. 거룩이 하나님의 백성 사이에 있을 때 그분의 뜻을 듣거나 그분의 뜻을 순종하거나 하나님이 그분의 백성을 통해 그분의 뜻을 이루는 데 아무런 장애물이 없을 것이다. 하나님의 백성의 삶이 거룩하다는 것은 하나님이 그들 안에 계신다는 표시다.

> 여호와의 말씀이니라 너희가 나를 두려워하지 아니하느냐
> 내 앞에서 떨지 아니하겠느냐
> 내가 모래를 두어 바다의 한계를 삼되
> 그것으로 영원한 한계를 삼고 지나치지 못하게 하였으므로
> 파도가 거세게 이나 그것을 이기지 못하며
> 뛰노나 그것을 넘지 못하느니라　　　　(렘 5:22)

하나님의 임재는 날마다 신자를 그리스도를 닮은 자로 변화시키시려는 그분의 성령을 통해 믿는 자들을 교훈하며 교정한다. 신자의 삶이 거룩의 열매를 맺을 때 하나님이 높임을 받으신다. 식물이나 포도나무나 유실수가 뿌리를 내리고 영양분을 공급받지 못하면 열매를 맺을 수 없듯이 신자도 오직 하나님 안에 뿌리를 내릴 때만 하나님의 거룩에서 자랄 수 있다. 신자는 아버지의 거룩 안에 거해야 한다.

"거하다"(abide)라는 단어를 생각하는 일반적인 방법은 성경에 사용된 것처럼 이 단어가 법 안에서의 삶을 묘사한다고 생각하는 것이다. 이 단어는 또한 "뿌리를 내리다, 남다, 특정한 장소에 계속 머무르다, 구체적인 방법으로 무엇인가를 하다"라는 뜻이기도 하다. 예수님은 그분 안에서 사는 것, 즉 그분 안에 거하는 게 무슨 뜻인지 설명하셨다. 예수님은 자신의 아버지는 농부요 자신은 참포도나무라고 하셨다(요 15:1). 믿는 자들은 참포도나무의 가지이며 농부의 보살핌을 받는다. 그러나 이 예화에 나오는 농부의 보살핌은 하나님의 징계를 보여준다. 예수님은 이렇게 말씀하셨다. "무릇 내게 붙어 있어 열매를 맺지 아니하는 가지는 아버지께서 그것을 제거해 버리시고 무릇 열매를 맺는 가지는 더 열매를 맺게 하려 하여 그것을 깨끗하게 하시느니라"(요 15:2).

아버지께서는 가지를 쳐서 우리를 징계하신다. 그분이 이렇게 하는 것은 신자가 열매 맺지 못하도록 막는 죄를 제거하기 위해서다. 보통의 그리스도인은 죄의 심각성을 인식하지 못한다. 가지치기의 결과가 분명하듯이, 하나님이 자신들을 교정하실 때, 자신들을 교훈하실 때 믿는 자들은 이

사실을 안다.

> 나는 참포도나무요 내 아버지는 그 농부라 무릇 내게 붙어 있어 열매를 맺지 아니하는 가지는 아버지께서 그것을 제거해 버리시고 무릇 열매를 맺는 가지는 더 열매를 맺게 하려 하여 그것을 깨끗하게 하시느니라 너희는 내가 일러준 말로 이미 깨끗하여졌으니 내 안에 거하라 나도 너희 안에 거하리라 가지가 포도나무에 붙어 있지 아니하면 스스로 열매를 맺을 수 없음 같이 너희도 내 안에 있지 아니하면 그러하리라
>
> (요 15:1-4)

사람들은 하나님의 징계를 피하려 한다. 그러나 하나님의 교정은 회개와 생명을 낳는다. 믿는 자뿐 아니라 그가 영향을 미치는 사람들에게도 생명을 준다. 잠언 16장 20절은 이렇게 말한다.

> 삼가 말씀에 주의하는 자는 좋은 것을 얻나니
> 여호와를 의지하는 자는 복이 있느니라

하나님의 징계를 받아들일 때 하나님을 위한 열매를 맺게 된다. 예수님은 이렇게 말씀하셨다. "내 안에 거하라 나도 너희 안에 거하리라 가지가 포도나무에 붙어 있지 아니하면 스스로 열매를 맺을 수 없음 같이 너희

도 내 안에 있지 아니하면 그러하리라"(요 15:4).

　　구약성경은 하나님의 백성을 그분의 포도원으로 자주 묘사한다. 그러나 언제나 하나님의 백성이 열매 맺는 포도원으로 묘사되는 것은 아니다. 호세아는 이스라엘 백성을 무성하지만 열매 없는 포도나무로 묘사했다(호 10:1). 이사야는 이스라엘 백성에게 투자하시는 하나님을, 포도원에 투자하지만 들포도 외에는 아무 것도 얻지 못한 농부에 비유했다(사 5:1-7). 예레미야는 하나님의 말씀을 백성에게 전했다.

> 내가 너를 순전한 참 종자
>
> 곧 귀한 포도나무로 심었거늘
>
> 내게 대하여 이방 포도나무의
>
> 악한 가지가 됨은 어찌 됨이냐
>
> (렘 2:21)

　　하나님의 백성은 열매를 맺도록 구별되고 양육되었다. 그러나 하나님의 백성이 하나님을 떠나면 이러한 열매를 맺지 못한다.

　　예수님은 자신을 가리켜 참포도나무라고 하셨다. 예수님은 포도원 농부의 언어를 사용하시면서 제자들과 자신의 살아있는 연합을 묘사하셨다. 예수님이 아버지와 연결되어 있듯이 예수님을 따르는 사람은 모두 예수님과 살아있는 교제를 통해 아버지와 연결되어 있다. 이러한 살아있는 연합의 결과는 거룩과 영생이다(롬 6:22). 그분의 생명이 우리 삶에 흘러들어 우리를 그분의 모양으로 변화시키거나 바꾼다. 그분의 거룩은 우리 삶을 바꾸며, 예수님의 삶이 아버지께 유용했듯이 우리 삶이 하나님께 유용하게 한다.

거룩한 백성은 하나님의 본성을 나타낸다

세상은, 하나님의 포도원 즉 그분의 백성을 볼 때 무엇을 보는가? 성경은 하나님의 거룩이 너무나 눈부시기 때문에 그분의 완전한 거룩을 보고 살아남을 수 없다고 말한다. 모세가 하나님에게 그분을 볼 수 있느냐고 물었을 때 하나님은 모세에게 계곡으로 들어가라고 명하셨다. 하나님이 바위 틈 사이를 지나가실 때 모세에게 허락된 것은 그분이 지나간 자리, 문자적으로 "하나님의 등"을 보는 것뿐이었다.

모세가 산에서 내려올 때 그의 얼굴은 백성이 두려워할 정도로 밝게 빛났다. 모세는 하나님의 영광을 반사하고 있었다. 하나님의 영광은 반드시 존중되어야 한다. 모세가 떨기나무 불꽃 가운데 있을 때 하나님은 그에게 "네가 선 곳은 거룩한 땅이니 네 발에서 신을 벗으라"(출 3:5)고 명하셨다.

그러나 하나님의 거룩에서 볼 수 있는 것은 그분의 영광만이 아니다. "거룩의 아름다움"(beauty of holiness)도 있다. 거룩의 아름다움에 대한 놀라운 묘사를 시편이 아닌 다른 곳에 기록된 시에서 찾아볼 수 있다(시는 결국 하나의 노래며, 모든 노래가 항상 노래책에만 있는 것은 아니다). 이 시는 역대상 16장 8-36절에 기록되어 있다. 29절에서 다윗은 이렇게 노래한다.

> 여호와의 이름에 합당한 영광을 그에게 돌릴지어다
> 제물을 들고 그 앞에 들어갈지어다
> 아름답고 거룩한 것으로 여호와께 경배할지어다

하나님은 우주의 물리적인 아름다움을 창조하셨다. 그러나 하나님의 거룩한 성품도 우리를 그분의 사랑으로 이끄는 영감된 아름다움이다. 사람들은 하나님의 백성에게서 반사되는 하나님의 거룩의 아름다움을 볼 때 그분의 사랑을 보며 그분의 거룩에 반응할 것이다.

> 내게 주신 영광을 내가 그들에게 주었사오니 이는 우리가 하나가 된 것 같이 그들도 하나가 되게 하려 함이니이다 곧 내가 그들 안에 있고 아버지께서 내 안에 계시어 그들로 온전함을 이루어 하나가 되게 하려 함은 아버지께서 나를 보내신 것과 또 나를 사랑하심 같이 그들도 사랑하신 것을 세상으로 알게 하려 함이로소이다
>
> (요 17:22-23)

거룩을 추구하라

하나님의 길 가운데 하나가 요한복음 14장 15절에 있다. "너희가 나를 사랑하면 나의 계명을 지키리라." 같은 장에서, 예수님은 또한 이렇게 말씀하셨다. "사람이 나를 사랑하면 내 말을 지키리니"(23절).

인간의 의는 오직 구원의 하나님을 신뢰하는 데서 온다. 신뢰의 결과는 순종이다. 하나님께 대한 적극적인 순종이 거룩을 추구하는 방법이다. 거룩한 삶은 하나님의 거룩한 목적을 위해 우리를 구별하며 우리를 거룩하게 한다.

거룩을 추구한 결과는 행함이다. 하나님께 더 순종할 때 하나님은 우리를 그분의 일에 참여시키신다. 야고보서 2장 20절은 "행함이 없는 믿음이 헛것"이라고 말한다. 야고보서 2장은 또한 어떤 사람의 논쟁을 다룬다. 신자들에게는 믿음이 있고 다른 사람들에게는 행함이 있다(18절). 그러나 논쟁에 대한 대답은 이렇다. "행함이 없는 네 믿음을 내게 보이라 나는 행함으로 내 믿음을 네게 보이리라 네가 하나님은 한 분이신 줄을 믿느냐 잘하는도다 귀신들도 믿고 떠느니라"(18-19절).

아브라함
: 믿음과 행함

야고보는 이어서 참된 믿음이 경건한 행위를 낳는다는 증거를 구약 성경의 아브라함 이야기에서 볼 수 있다고 말한다. "우리 조상 아브라함이 그 아들 이삭을 제단에 바칠 때에 행함으로 의롭다 하심을 받은 것이 아니냐 네가 보거니와 믿음이 그의 행함과 함께 일하고 행함으로 믿음이 온전하게 되었느니라"(약 2:21-22).

아브라함에게서, 하나님은 구원하는 믿음의 본보기가 될 사람을 찾으셨다. 하나님은 앞서 아브라함에게 그분이 보여주실 약속의 땅을 향해 떠나라고 명하셨다. 하나님은 또한 아브라함과 그의 아내에게 아들을 줄 것이며 그들로 열국의 조상이 되게 하리라고 하셨다.

그로부터 오랜 시간이 흐른 후 약속한 아들이 태어났다. 그러나 오직 하나님만이 아들을 주실 수 있을 만큼 부부가 아주 늙었을 때, 그 아들이 태어났다.

모든 사람과 더불어 화평함과 거룩함을 따르라 이것이 없이는 아무도 주를 보지 못하리라

(히 12:14)

네 하나님 여호와의 언약에 참여하며 또 네 하나님 여호와께서 오늘

> 날 네게 하시는 맹세에 참여하여 여호와께서 네게 말씀하신 대로 또
> 네 조상 아브라함과 이삭과 야곱에게 맹세하신 대로 오늘 너를 세워
> 자기 백성을 삼으시고 그는 친히 네 하나님이 되시려 함이니라
>
> (신 29:12-13)

아브라함과 하나님의 관계의 특징은 신뢰였다. 신뢰는 순종으로 이어졌고, 순종은 의(義) 또는 거룩으로 이어졌다. 45년 동안이나 하나님의 완전한 사랑에 빠진 사람이라면 하나님이 약속의 아들을 제물로 바치라고 하실 때 어떻게 하겠는가? 아브라함은 하나님에 대한 사랑과 신뢰로 반응했다. 그러나 하나님은 아브라함이 그의 아들을 죽이지 못하게 하셨다. "그 아이에게 네 손을 대지 말라 그에게 아무 일도 하지 말라…내가 이제야 네가 하나님을 경외하는 줄을 아노라"(창 22:12). 하나님께 순종한 아브라함은 이런 말씀을 받았다. "네 씨로 말미암아 천하 만민이 복을 받으리니 이는 네가 나의 말을 준행하였음이니라"(창 22:18).

아브라함의 믿음은 행함으로 완전해졌다. 그의 신뢰와 순종의 결과는 거룩이었다. 그의 믿음은 죽은 믿음이 아니었다.

거룩하신 하나님이 하실 수 있는 것

하나님이 그분의 모든 백성을 통해 일하신다는 것은 이해하기 어려워 보일 수 있다. 당신은 많은 신자 가운데 하나일 뿐이라고 생각하면서 위축될 수도 있다. 그러나 때로 하나님이 그분의 백성에게 거룩을 요구하시면서 그들 가운데 일하시기 시작하는 자리에 한 사람이 있을 수 있다. 그 결과 하나님의 백성이 많이 그 일에 참여할 수 있다. 이런 일이 일어난다면 이것이야말로 진정한 의미의 부흥이다.

하나님은 그분에게 자신의 모든 것을 드리는 사람들을 통해 어떤 일을 하시는가? 하나님은 헌신된 소수를 통해 많은 사람들에게 다가가실 때 그분만이 하실 수 있는 일을 하신다. 하나님은 1세기에 다락방에 모인 120명의 사람들을 통해 로마 제국을 뒤집어엎으셨다. 하나님은 19세기에 폭풍우 속에서도 건초더미 아래서 기도한 일곱 명의 젊은이를 통해(그중 하나가 아도니람 저드슨이었다.) 근대 선교 운동을 시작하셨다. 1904년 에반스 로버츠(Evans Roberts)라는 27세의 청년은 하나님이 자신과 자신의 기도의 삶을 빚으시게 했으며, 그 결과 불과 6개월만에 수십 만의 웨일즈 사람들이 그리스도를 알게 되었다.

(회개로
돌아가라

많은 그리스도인들이 죄의 심각성을 인식하지 못하고 있다. 믿는 자들에게 순종은 선택이 아니라 명령이다. 하나님의 계명에 불순종하는 것은 죄다. 예수님은 믿는 자들이 그분을 순종하면 그분을 사랑한다고 말씀하셨다(요 14:15). 순종의 실패는 우리와 하나님 사이의 사랑의 관계에 직접적인 영향을 미친다. 우리 삶이 의롭고 거룩하다는 것은 변화를 낳는 하나님의 진리가 우리에게 영향을 미치고 있다는 증거다.

성경은 요한일서에서 이렇게 말한다. "만일 우리가 하나님과 사귐이 있다 하고 어둠에 행하면 거짓말을 하고 진리를 행하지 아니함이거니와 그가 빛 가운데 계신 것 같이 우리도 빛 가운데 행하면 우리가 서로 사귐이 있고 그 아들 예수의 피가 우리를 모든 죄에서 깨끗하게 하실 것이요"(요일 1:6-7).

그러므로 우리 삶에 죄가 있는 상태로는 하나님께 가까이 갈 수 없으며 하나님이 보시기에 거룩한 삶을 살 수 없다. 우리는 거짓된 삶을 살고 있는 것이다. 여기에 반응하시는 하나님의 방법은 우리가 거룩으로 돌아오고 거룩 가운데 머물도록 죄를 아주 혹독하게 다루는 것이다. 하나님의 징계는 확실하다. 그분은 우리를 사랑하시기 때문이다. 성경은 하나님은 그분이 사랑하시는 자들을 징계하신다고 말한다(계 3:19). 그러나 많은 사람들이 징계를 단지 형벌로 생각하기 때문에 하나님의 징계를 두려워한다. 하나님의 바람은 우리가 그분을 더 닮아가는 것이다. 하나님이 그분의 아들을 보내어 우리 죄를 대신하여 죽게 하신 것은 우리가 실패할 때 벌할 이유를 더 많이 얻기 위해서가 아니다(히 12:5-6).

아버지께서는 우리에게 긍휼을 베푸시며, 우리 삶의 죄를 다루실 때 우리가 회개하길 원하신다. 다시 말해 회개는 성경에서 가장 긍정적인 단어다. 회개 또는 죄에서 돌아서는 데는 죄를 고백하고 불순종을 인정하는 것이 뒤따른다. 하나님의 징계가 있기 전까지 우리는 자신이 지은 죄의 범위나 영향을 깨닫지 못할 수 있다. "만일 우리가 죄 없다 하면 스스로 속이고 또 진리가 우리 속에 있지 아니할 것이요"(요일 1:8). 고백이 회개로 이어질 때, 하나님의 은혜의 역사를 경험한다. "만일 우리가 우리 죄를 자백하면 그는 미쁘시고 의로우사 우리 죄를 사하시며 우리를 모든 불의에서 깨끗하게 하실 것이요"(요일 1:9).

거룩이 중요하다

구약성경 이사야서가 증거하듯이 이사야 선지자는 학식있는 최고의 작가였다. 그는 웃시야 왕의 친척이거나 가까운 친구였으며 왕의 죽음에 깊은 영향을 받았다. 웃시야는 선한 왕이었으나 비극적인 종말을 맞았다. 이 사건이 있었을 때 또는 이 사건과 근접한 시기에, 참된 하나님의 선지자가 되겠다는 이사야의 놀라운 순종이 시작되었다.

성전은 웃시야가 오만함 때문에 하나님께 불순종하여 이로 인해 하나님의 심판을 받은 곳이었다. 이사야는 웃시야 왕을 사랑했으며 그의 치욕과 죽음을 보면서 충격을 받았다. 이사야는 슬퍼하면서 하나님의 성전에 들어갔다. 그리고 성전에서 주께서 높이 들린 보좌에 앉으신 것을 보았다(사 6:1).

여기서 "주"(Lord)로 번역된 히브리어 단어 아도나이(*Adonai*)는 "주권자"(sovereign one)라는 뜻이다. 이것은 이름이 아니라 하나님을 나타내는 칭호다. 대부분의 번역에서 LORD로 표기된 것은 하나님의 히브리어 이름인 "여호와"를 나타낸다. 반면에 Lord로 표기된 것은 하나님의 히브리어 칭호인 "아도나이"를 나타낸다. 시편 기자는 시편 8편 1절에서 이렇게 노래했다.

여호와(LORD) 우리 주여(Lord)
주의 이름이 온 땅에 어찌 그리 아름다운지요

시편 기자는 실제로 하나님의 이름과 칭호를 사용했다. "여호와, 우리 아도나이여, 주의 이름이 온 땅에 어찌 그리 뛰어난지요!"

이사야는 하나님의 천사들이 이렇게 노래하는 것을 들었다. "만군의 여호와여 그의 영광이 온 땅에 충만하도다"(사 6:3). 하나님이 임재하실 때 다른 어떤 것을 위한 공간도 없다. 하나님이 말씀하실 때, 문지방이 흔들렸고 집에 연기가 가득했다(6:4). 헌신했으나 죄가 많은 이사야는 이렇게 외쳤다.

화로다 나여 망하게 되었도다
나는 입술이 부정한 사람이요
나는 입술이 부정한 백성 중에 거주하면서
만군의 여호와이신 왕을 뵈었음이로다

(사 6:5)

　　이사야가 하나님을 말했던 것은 하나님이 그분의 거룩을 위해 웃시야의 오만을 벌하셨기 때문이었는가? 고대 히브리인들은 혀가 사람의 본성을 표현한다고 믿었다. 왜냐하면 히브리인들은 말을 마음의 표현으로 보았기 때문이다. 혀의 사용은 좋든 나쁘든 윤리적인 결과를 낳는다. 혀는 하나님을 높이는 데 사용될 수도 있고 하나님과의 분리를 낳을 수도 있다(시 36:1). 어떤 이유에서든, 이사야는 자신이 하나님을 욕되게 했다고 느꼈다. 천사는 웃시야가 부당하게 피우려 했던 제단 숯불을 들어 즉시 이사야의 입술에 대어 그의 입술을 죄에서 깨끗하게 했다. 메시지와 진리는 분명하다. 십자가의 메시지처럼, 오직 하나님의 행위만이 죄에 빠진 우리를 만지고 그분의 거룩으로 우리 죄의 암 덩어리를 태워버릴 수 있다.

　　이사야가 성전에 들어간 것은 그의 지상의 왕이 죽었기 때문이었다. 그는 영원하신 만왕의 왕을 뵈었다. 하나님은 모든 생명의 주권자시며, 하나님에게는 거룩이 중요하다.

이상

하나님이 우리를 그분과의 바른 관계로 회복하실 때 죄가 사라지며 의가 회복된다. 이사야서에는 놀라운 회복의 장면이 나온다. 하나님은 그분의 백성이 그분에게 돌아올 때 일어날 일을 묘사하신다. 하나님의 백성의 영적 상태는 그들이 살고 있는 땅에서 일어나는 일에까지 영향을 미친다. 이사야 35장은 그 결과를 열거한다. 하나님에게는 그 무엇도 불가능하지 않지만, 그분을 따르는 자들이 거룩을 통해 이루어낼 삶의 모습은 놀라울 뿐이다.

> 광야와 메마른 땅이 기뻐하며 사막이 백합화 같이 피어 즐거워하며
> 무성하게 피어 기쁜 노래로 즐거워하며
> 레바논의 영광과 갈멜과 사론의 아름다움을 얻을 것이라
> 그것들이 여호와의 영광 곧 우리 하나님의 아름다움을 보리로다
> (사 35:1-2)

하나님의 백성의 영적 상태에 따라 하나님이 그들의 심판자요 구원자로서 자신을 그들에게 어떻게 계시하실지가 결정된다(사 35:4). 거룩을 통해, 하나님의 백성의 마음은 사막의 기적처럼 꽃을 피울 수 있다.

회개
: 개인적 회개와 집단적 회개

하나님은 지켜보는 세상에 자신을 계시하는 데 사용할 거룩한 사람들을 찾으신다. 하나님에게는 깨끗한 그릇이 필요하다. 하나님에게는 그분에게 순종하며 그분을 섬길 사람과 가족과 교회가 필요하다. "너희가 어떠한 사람이 되어야 마땅하냐 거룩한 행실과 경건함으로 하나님의 날이 임하기를 바라보고 간절히 사모하라…주 앞에서 점도 없고 흠도 없이 평강 가운데서 나타나기를 힘쓰라"(벧후 3:11-14).

회개는 죄에서 돌이키고 하나님의 용서를 받는 데 반드시 필요하다. 죄가 단지 개인적인 문제가 아니듯이 회개도 단지 개인적인 문제가 아니다. 죄처럼 회개도 그룹과 회중을 통해 이루어질 수 있다.

> 그 때에 맹인의 눈이 밝을 것이며
> 못 듣는 사람의 귀가 열릴 것이며
> 그 때에 저는 자는 사슴 같이 될 것이며
> 말 못하는 자의 혀는 노래하리니
> 이는 광야에서 물이 솟겠고
> 사막에서 시내가 흐를 것임이라
> 뜨거운 사막이 변하여 못이 될 것이며
> 메마른 땅이 변하여 원천이 될 것이며

> 승냥이의 눕던 곳에 풀과 갈대와 부들이 날 것이며
>
> 거기 대로가 있어
>
> 그 길을 거룩한 길이라 일컫는 바 되리니
>
> 깨끗하지 못한 자는 지나가지 못하겠고
>
> 오직 구속함을 입은 자들을 위하여 있게 될 것이라
>
> 우매한 행인은 그 길로 다니지 못할 것이며
>
> (사 35:5-8)

회개란 성경에서 가장 긍정적인 단어다. 회개란 용서를 통해 자유를 얻고 하나님과의 관계를 회복하는 것이다. 시편 89편 15-16절은 하나님의 빛나는 얼굴을 보며 사는 사람들은 그분의 이름을 종일 기뻐하며 그분의 의로 인하여 의기양양해 한다고 말한다. 거역의 삶과 얼마나 대조적인가! 빛 가운데 행하는 것이 어둠 가운데 행하는 것보다 낫다는 것을 쉽게 알 수 있다.

왜 믿는 자들과 그들의 동료와 가족이 죄를 회개하는 데 깊이 주목해야 하는가? 하나님이 그분의 주권으로 그분의 백성을 통해 세상을 구속하고 영적으로 일깨우기로 하셨기 때문이다. 하나님의 백성이 마땅히 갖춰야 할 모습을 갖추지 못할 때 하나님이 그렇게도 마음 아파하시는 것도 바로 이 때문이다. 이러한 때에, 하나님의 백성은 풍성한 삶을 놓치며, 죽어 가는 세상에 다가가는 데 쓰임 받지 못한다.

134 회개의 생활

하나님의 백성은 고백과 회개를 절대 혼동하지 말아야 한다. 사람들은 자신의 실패와 새로운 출발의 가치를 인정하는 것이 지혜로운 일임을 안다. 그러나 회개는 하나의 과정에 속하는 하나의 단계다. 베드로는 구원을 돈으로 사려는 사람을 경고하면서 그가 회개하면 하나님이 혹 용서해 주실지 모른다고 했다(행 8:22). 하나님의 용서는 우리가 상한 마음으로, 다시 말해 죄의 영향을 보며 하나님의 의의 피난처를 구하는 마음으로 죄에서 돌이킬 것을 요구한다. "여호와는 그를 경외하는 자 곧 그의 인자하심을 바라는 자를 살피사…우리 영혼이 여호와를 바람이여 그는 우리의 도움과 방패시로다"(시 33:18-20).

그러나 너무나 많은 사람들이 하나님의 명령을 하나의 제안으로 여긴다. 하나님은 여호수아를 통해 이스라엘 백성에게 이렇게 말씀하셨다.

> 곧 내가 오늘 네게를 명령하여 네 하나님 여호와를 사랑하고 그 모든 길로 행하며 그의 명령과 규례와 법도를 지키라 하는 것이라 그리하면 네가 생존하며 번성할 것이요 또 네 하나님 여호와께서 네가 가서 차지할 땅에서 네게 복을 주실 것임이니라 그러나 네가 만일 마음을 돌이켜 듣지 아니하고 유혹을 받아 다른 신들에게 절하고 그를 섬기면 내가 오늘 너희에게 선언하노니 너희가 반드시 망할 것이라

(신 30:16-18)

하나님은 그분의 백성에게 순종이 없으면 망하리라는 것을 분명히 하셨다. "불편할 수도 있거나", 조금 불편한 게 아니다. 불순종은 이들을 완전히 멸할 것이다.

마음이 떠날 때 회개하라

회개와 순종은 하나님이 보시기에 거룩하고 받으실만한 삶에 결정적인 역할을 한다. 우리의 마음이 하나님과 그분의 거룩에서 떠날 때 우리는 무슨 일이 일어났는지 알지도 못하고 회개를 소홀히 할 수 있다.

당신의 마음이 의에서 떠났는지 알 수 있는 한 가지 방법은 하나님의 음성이 또렷이 들리는지 확인해 보는 것이다. "하나님께 속한 자는 하나님의 말씀을 들나니 너희가 듣지 아니함은 하나님께 속하지 아니하였음이로다"(요 8:47). 성경에는 하나님이 말씀하시지만 경건치 못한 자들이나 하나님을 거역하는 자들이 그분의 경고나 명령을 듣지 않거나 깨닫지 못하는 사건들이 아주 많다.

구약의 사울 왕은 하나님의 인도하심을 자주 받았으나 그분의 인도하심을 거부한 후 전쟁터에서 최후를 맞았다. 사무엘 선지자는 하나님의 심판을 사울에게 전했다. "왕이 망령되이 행하였도다 왕이 왕의 하나님 여호와께서 왕에게 내리신 명령을 지키지 아니하였도다 그리하였더라면 여호와께서 이스라엘 위에 왕의 나라를 영영히 세우셨을 것이어늘"(삼상 13:13).

    사울은 거룩에서 떠났으며 마침내 회개가 아니라 멸망에 이르고 말았다. 이것은 가혹해 보일지 모른다. 그러나 반드시 생각해야 할 것은 우리에게 하나님이 말씀하고 계신다는 확신이 없을 때 하나님은 매우 친절하게도 자신을 보다 또렷하게 계시해 주신다는 것이다. 기드온의 이야기를 생각해 보라(삿 6장). 하나님은 천사를 통해 기드온에게 말씀하셨다. 기드온은 진리를 실제로 의심하기보다는 그 진리가 두려웠을 것이다. 그래서 표적을 구했다. 기드온은 희생 제물을 준비했으며 "여호와의 사자가 손에 잡은 지팡이 끝을 내밀어 고기와 무교병에 대니 불이 바위에서 나와 고기와 무교병을 살랐고 여호와의 사자는 떠나서 보이지 아니한지라 기드온이 그가 여호와의 사자인 줄 알고 이르되 슬프도소이다 주 여호와여 내가 여호와의 사자를 대면하여 보았나이다"(삿 6:21-22). 기드온은 하나님이 말씀하셨다는 것을 확신했다.

하나님에 대한 두려움이
사라질 때 회개하라

거룩에 이르는 길을 가로막는 또 다른 장애물은 하나님에 대한 두려움을 잃어버리는 것이다. 당신이 하나님을 안다면 그분의 사랑과 자비, 능력이나 힘을 잊어버린다는 것은 상상하기도 힘들 것이다. 그러나 성경에는 하나님의 백성이 전능자에 대한 두려움을 쉽게 잊어버리는 사건이 무척 많다. 하나님에 대한 두려움을 잃으면 죄에 대한 두려움도 잃는다. 죄에 대한 두려움을 잃으면 불의에 이르게 되고 거룩을 잃게 된다.

이스라엘 백성은 하나님이 자신들을 거듭 구원하시는 것을 보았다. 구원은 놀라운 기적으로 찾아올 때가 많았다. 그러나 요단 강을 건너고 약속의 땅을 취하게 되었을 때, 모세는 하나님의 백성에게 귀에 거슬리는 연설을 해야 했다. 하나님의 명령을 거역했기 때문에 어른들은 그 누구도(두 사람만 제외하고) 요단 강을 건너 약속에 땅에 들어가지 못하리라는 것이었다. 하나님은 이들에게 불순종한 자들이 모두 죽을 때까지 광야에서 수십 년을 더 방황하리라고 명하셨다(신 1:35-40). 하나님은 이스라엘 백성이 그분에게 또다시 불순종하여 가나안에 들어가려 한다면 그분 없이 들어가야 할 것이며 결국은 패배하게 되리라고 하셨다(42절). 이스라엘 백성은 회개했으나(45절) 하나님은 마음을 바꾸지 않으셨다. 하나님은 이스라엘 백성의 생명을 보전하셨으나 이들의 목적지를 다음 세대에게로 미루셨다.

내 아들아 주의 징계하심을 경히 여기지 말며

그에게 꾸지람을 받을 때에 낙심하지 말라

주께서 그 사랑하시는 자를 징계하시고

그가 받아들이시는 이들마다 채찍질하심이라

(히 12:5-6)

무릇 내가 사랑하는 자를 책망하여 징계하노니 그러므로 네가 열심을

내라 회개하라

(계 3:19)

    이스라엘 백성은 말 그대로 정착할 준비가 되었다. 이들에게 강둑은 아주 좋게 느껴졌다. 약속의 땅으로 건너가면 의심할 여지없이 많은 전투가 있을 것이다. 그러니 지금 있는 곳이 훨씬 더 좋아 보였다. 인간에게는 가장 좋은 것을 위해 하나님께 순종하지 않고 좋은 것에 안주하려는 경향이 있다.

(개인을 위한 회개

회개는 믿는 자 한 사람 한 사람을 하나님과의 새로운 만남으로 인도

한다. 각각의 신자는 하나님이 마음이 깨끗한 자에게 말씀하실 것이라고 기대한다. 성령은 진리를 계시하시며 죄와 의와 심판을 깨닫게 하신다. 하나님은 말씀하실 때마다 순종을 요구하시는데 당신의 반응에 따라 온갖 결과가 나올 것이다. 하나님이 당신에게 말씀하시길 원하는가? 그렇다면 그분이 말씀하실 때 순종할 준비를 해야만 한다. 하나님이 말씀하신 후에 당신이 하는 일을 보면 당신이 하나님에 관해 무엇을 믿는지 알 수 있다. 당신의 행동은 당신의 믿음이나 믿음의 결핍을 생생하게 보여줄 것이다.

당신이 우주의 창조자가 하시는 말씀을 듣고 나서 순종하지 않으면 하나님께 대단한 무례를 범한 것이다. 하나님은 당신의 창조자시다. 그분은 당신의 주시요 구주시다. 그분에게는 당신의 삶의 주인이 되실 모든 권리가 있다. 당신의 삶을 하나님의 손에 맡길 준비를 해야 한다.

성령이 하나님의 말씀을 통해 일하시며 당신이 하나님과 대면하게 하실 때 당신에게는 관계에 대한 책임이 생긴다. 그 순간, 당신은 그분을 거부할 것인지 아니면 그분에게 순종할 것인지를 선택해야 한다. 몰라서 죄를 짓는 것과 하나님이 진리를 알면서도 죄를 짓는 자들을 더욱 혹독하게 심판하시는 것은 별개 문제다.

(집단적
  회개

하나님은 그분의 백성과 잃어버린 세상을 크게 사랑하신다. 그 때문에 하나님은 그분의 백성이 그분에게 돌아올 때까지 사랑으로 그들을 징계하신다. 하나님은 그분의 백성에게 약속하셨다. "내 이름으로 일컫는 내 백성이 그들의 악한 길에서 떠나 스스로 낮추고 기도하여 내 얼굴을 찾으면 내가 하늘에서 듣고 그들의 죄를 사하고 그들의 땅을 고칠지라"(대하 7:14).

하나님은 그분의 백성과 잃어버린 세상을 사랑하신다. 그 때문에 하나님은 그분의 백성이 제멋대로 할 때, 개인적으로 그리고 집단적으로 그들을 징계하신다. 하나님의 징계는 그분의 자녀가 그분에게 부르짖을 때까지 점점 강해진다. 그러나 하나님은 인내하시며 오래 참으신다. 탕자의 아버지처럼, 하늘에 계신 우리 아버지는 그분의 자녀들이 그분에게 돌아오길 간절히 기다리신다(요 15:17-24).

하나님은 오래 참으시지만 회개 외에 다른 선택권을 주시지는 않는다. 개인처럼 교회도 하나님과 그분의 거룩으로 돌아가거나 죄의 결과에 직면할 수 있다(요일 1:9). 이 과정에서 신나는 부분은 회개라는 긍정적인 단어다. 하나님은 그분의 백성이 돌아올 때 받아들일 준비가 되어 있으시다. 하나님은 깨끗하게 하시며 용서하신다. 하나님은 그분을 섬길 새로운 마음을 주신다. 하나님은 성령을 충만하게 부어 주셔서 그분을 위해 일할 능력을 주시며, 하나님의 가족이 되는 기쁨도 회복시키신다.

하나님의 백성이 그분과 바른 관계에 있을 때, 하나님은 지켜보는 세상에 그분의 영광을 나타내실 수 있다. 사람들이 하나님의 전능한 능력이 자신들의 삶을 온전하게 하는 것을 체험할 때, 다른 사람들이 주목하고 비숫한 삶을 경험하고 싶어할 것이다.

> **생각해 보라**
> –기도해 보라

    하나님은 우리가 그분에게 반응할 때 우리에게 반응하겠다고 약속하셨다. 그러므로 당신과 나에게는 변화의 가능성이 많다. 우리는 거룩하신 하나님의 임재 안에 있으면서 변하지 않은 채 그대로 있을 수 없다. 우리는 그분에게 가까이 다가가든지, 그분을 거부하며 따라서 다시 그분에게 죄를 짓든지 둘 중 하나일 것이다.

    ● 아버지께서는 그분의 아들에게서 뻗어나간 가지들을 그 아들을 사랑하는 모든 사랑으로 보살피신다. 우리가 그리스도 안에 뿌리를 내리고 터를 잡을 때 하나님은 그분의 영광을 위해 우리를 사용하려고 우리를 구별하시며 거룩하게 하신다. 농부가 자신의 포도원을 돌보듯이 하나님이 당신을 사랑하고 돌보신다면, 당신은 그분의 사랑과 보살핌을 다른 신자들과 어떻게 나누겠는가?

    ● 아브라함은 하나님을 알았다. 야고보도 하나님을 알았다. 이반 로버츠도 하나님을 알았다. 이들은 모두 하나님을 알았기 때문에 하나

님이 자신들에게 요구하시는 것도 알았다. 하나님을 믿는 이들의 믿음은 이들과 하나님의 관계도 견고하게 지속시켜 주었다. 그리고 하나님은 이들의 인격을 세우셔서 이들의 충성에 보답하셨다. 하나님은 이들의 삶의 증거를 사용하셨으며 이들을 그분의 거룩한 대로(大路)로 삼으셨다. 이들은 하나님의 거룩을 주변 모든 사람들과 자신들을 따르는 모든 사람들에게 나타냈다. 당신은 거룩의 유산을 남기는가?

- 거룩은 하나님처럼 되는 것이다. 죄는 거룩의 반대다. 죄가 하나님에 대한 거역이며 하나님이 요구하시는 것에 미치지 못한 것인 이유도 바로 여기에 있다. 당신은 '난 그저 평범한 인간일 뿐이야' 라고 생각할지 모른다. 예전에는 그랬다. 그러나 지금 당신은 만왕의 왕의 자녀며, 하나님이 거하시는 성전이며, 당신의 삶은 이제 당신의 것이 아니다. 이제 그리스도께서 당신의 삶 속에서 그분의 삶을 사신다. 신자인 당신의 삶에 관한 이러한 진리를 생각하고 기도해 보라.

- 하나님의 백성은 그리스도의 몸이다. 집단적(corporate)이라는 단어는 "한 몸의" 라는 뜻이다. 사람이 심장마비를 일으키면 온 몸이 영향을 받는다. 마찬가지로 치통이 있는 상태로 마라톤을 할 수 없으며, 심한 독감에 걸린 상태로 콘서트에서 노래를 부를 수 없다. 우리 몸은 그 어떤 지체에서 일어나는 그 어떤 일에도 영향을 받는다. 당신은 몸의 한 지체로서 하나님의 거룩을 가져오는가 아니면 몸에 징계를 초래하는가? 당신은 거룩의 길로 가고 있는가 아니면 거역하는가?

05 (하나님의 길은 진리다)

도마가 이르되 주여 어디로 가시는지 우리가 알지 못하거늘 그 길을 어찌 알겠사옵나이까 예수께서 이르시되 내가 곧 길이요 진리요 생명이니 나로 말미암지 않고는 아버지께로 올 자가 없느니라

요한복음 14:5-6

하나님은 진리다. 그러므로 하나님의 모든 말씀은 참되며, 하나님의 모든 길도 참되다. 하나님은 창조의 시작부터 이 세상 마지막까지 그분이 우리가 아는 모든 진리의 창조자이며 주인이라는 것을 계시하신다. 하나님은 모든 존재의 근원이 되는 진리다. 하나님이 우리와 다른 만물을 창조하신 것은 그분의 목적을 이루게 하기 위해서다. 하나님은 세상과 그 속의 모든 것을 창조하셨다. 하나님은 우리가 알 수 있고 삶의 잣대로 삼을 수 있는 육체적, 영적 진리를 주셨다. 하나님은 본성적으로 참되시기 때문에 결코 그 무엇도 시험삼아 하시는 법이 없다. 진리이신 하나님이 모든 것을 이해하고 판단하는 기준이어야 한다. 모든 그리스도인은 진리는 하나님 안에 있으며 하나님에게서 나온다는 사실을 마음에 새겨야 한다. 그러므로 그리스도인의 삶에서 가장 큰 자유는 하나님이 진리라는 것을 아는 데서 온다.

시편 기자는 하나님의 진리를 여러 차례, 여러 방법으로 말했다. "하나님의 도는 완전하고 여호와의 말씀은 순수하니 그는 자기에게 피하는 모든 자의 방패시로다. 여호와 외에 누가 하나님이며 우리 하나님 외에 누가 반석이냐"(시 18:30-31). 참되신 하나님은 존재하는 모든 것, 드러날 모든 것의 기초. 그분의 진리는 모든 것을 측정하는 기초이기도 하다.

하나님은 존재하는 모든 것을 창조하셨을 뿐 아니라 하늘과 땅을 멸하시고 다시 창조하시겠다고 약속하셨다. 인내가 끝날 때, 하나님은 구원의 시간을 닫아버리고 그분의 진리로 모두를 심판하실 것이다(벧후 3:3-10).

하나님이 우리 앞에 진리를 두신 것은 우리에게서 숨지 않으시기 위해서다. 시편 19편 1-2절은 이렇게 말한다.

146

하늘이 하나님의 영광을 선포하고

궁창이 그의 손으로 하신 일을 나타내는도다

날은 날에게 말하고

밤은 밤에게 지식을 전하니

하나님은 하늘을 창조하셨고 우주의 모든 것을 지으셨다. 그러므로 이들의 존재는 하나님이 자신들을 지으셨다는 사실을 조용히 증거한다. 과학까지도 우주의 질서와 패턴과 균형을 계속해서 확인시켜 준다.

물리적인 법칙이 있듯이 하나님은 인간에게 그분의 영적인 법을 주셨다. 하나님은 우리를 창조하실 때 공의를 행하고 그분의 법을 지킬 능력을 우리에게 주셨다.

여호와의 교훈은 정직하여

마음을 기쁘게 하고

여호와의 계명은 순결하여

눈을 밝게 하시도다

(시 19:8)

하나님은 그분의 진리로 우주와 인류를 물리적, 영적 혼돈에서 구해 내신다.

진리는 인격체다

예수님은 하나님의 완전한 표현이다. "태초에 말씀이 계시니라 이 말씀이 하나님과 함께 계셨으니 이 말씀은 곧 하나님이시니라"(요 1:1). "말씀이 육신이 되어-예수님은 하나님의 완전한 표현이다- …은혜와 진리가 충만하더라"(요 1:14)-실제적이며, 명확하며, 절대적이며, 주관적이지 않다. 창조 때-하나님이 말씀하시면 그대로 되었다-하나님은 진리의 말씀을 하셨다. 적절한 때에, 하나님은 그 진리의 말씀이 육신이 되라고 말씀하셨으며 그렇게 되었다.

하나님이 말씀하실 때마다 그대로 된다. "하나님이 이르시되 천하의 물이 한 곳으로 모이고 뭍이 드러나라 하시니 그대로 되니라"(창 1:9). 하나님의 말씀은 그분이 창조하신 바로 그 땅보다 참되고 확실하다. 이사야 55장 10-11절은 하나님의 입에서 나오는 말씀은 당신이 경험하는 다른 것들-비, 눈, 발아, 씨앗에서 자란 곡식에서 얻은 빵-과 같다고 말한다.

> 내 입에서 나가는 말도 이와 같이
> 헛되이 내게로 되돌아오지 아니하고
> 나의 기뻐하는 뜻을 이루며
> 내가 보낸 일에 형통함이니라

하나님은 말씀하신 것을 이루시려는 의도가 없는 것은 결코 말씀하지 않으신다. 하나님은 생각하시면 행하신다. 이사야 46장 9-10절은 이렇게 말한다.

나는 하나님이라 나 외에 다른 이가 없느니라

나는 하나님이라 나 같은 이가 없느니라

내가 시초부터 종말을 알리며

아직 이루지 아니한 일을 옛적부터 보이고 이르기를

나의 뜻이 설 것이니

내가 나의 모든 기뻐하는 것을 이루리라 하였노라

하나님의 말씀은 참되다

하나님과 마찬가지로 하나님의 말씀도 절대적이며 참되다. 하나님이 말씀하실 때, 그분은 말씀하신 것을 이미 행하신다. 하나님이 당신의 삶에서 일하신다는 것을 깨닫고 경험하도록 하나님의 길과 생각을 아는 것이 중요한 이유도 바로 이 때문이다. 말씀은 믿음과 함께 하나님의 길을 이룬다. 우리의 믿음은 진리이신 하나님께 있다. 우리가 하나님을 신뢰할 수 있는 것은 그분 자신이 진리이기 때문이다.

하나님은 자신을 진리로 표현하신다

하나님의 길 가운데 하나는 진리를 표현하는 것이다. 진리와 대면할 때 하나님과 대면하는 것이며 이러한 대면은 필연적으로 우리와 하나님의 관계가 어떤 상태인지 보여준다. 예수님은 세상과 대면하는 하나님의 진리이다. 요한복음 14장 6-7절에서, 예수님은 이렇게 말씀하신다. "내가 곧 길이요 진리요 생명이니 나로 말미암지 않고는 아버지께로 올 자가 없느니라 너희가 나를 알았더라면 내 아버지도 알았으리로다 이제부터는 너희가 그를 알았고 또 보았느니라."

예수님이 길이라는 말이 무슨 뜻인가? 예수님과 관계가 있는 한 당신은 하나님의 길에서 부동의 중심이다. 그러나 당신은 그분에게 당신의 길을 축복해 달라고 할 수 없다. 그분이 당신의 길이기 때문이다. 모든 것에서, 그분의 임재가 당신을 인도할 것이다. 당신은 실제로 한 번에 한 걸음의 인도만 필요하다. 하지만 우리는 대부분 이렇게 말한다. "주님, 제게 길을 전부 다 보여주십시오. 그러면 제가 어디로 가야할지 알지 않겠습니까?" 그러나 하나님은 이렇게 말씀하신다. "네게 필요한 것은 나밖에 없다. 내가 네게 말하는 것을 한 번에 하루씩, 모두 행한다면, 너는 내가 원하는 곳에서 부동의 중심이 될 것이다. 내가 너를 어디로 데려갈지는 네게 알려주지 않을 것이다. 그러니 그곳에 어떻게 이를지 생각해 보아라. 너는 내가 없이는 그곳에 이를 수 없다. 내가 너의 길이다." 그러므로 우리에게 필요한 것은 하나님이 행하실 그 다음 단계의 인도를 신뢰하고 하루하루 하나님과 관계를 가지면서 그분의 인도를 받으며 그분의 진리에 비추어 우리의 경험을 평가하는 것이다. 하나님은 진리이며 자신을 계시하실 것이다.

> 만군의 여호와께서 맹세하여 이르시되
> 내가 생각한 것이 반드시 되며
> 내가 경영한 것을 반드시 이루리라...
> 만군의 여호와께서 경영하셨은즉 누가 능히 그것을 폐하며
> 그의 손을 펴셨은즉 누가 능히 그것을 돌이키랴
> (사 14:24, 27)

불신앙은 진리를 거부한다

불신앙은 인격적 과실에 불과한 것이 아니다. 불신앙은 하나님께 대

한 거역이다. 하나님에 대한 불신앙은 엄청난 의미를 내포한다. 진리를 거부하는 것은 하나님이 진지하게 다루시는 것을 가볍게 취급하는 것이다. 이것은 사소한 문제가 아니라 아주 중요한 문제다.

어떤 순간이든 진리를 거부할 때, 당신의 가족과 당신을 위해서 당신 주변에서 일하는 사람들이 영향을 받는다. 하나님을 거부하는 것은 자신의 전망과 바람으로 하나님의 전망과 바람을 대신하는 것이다. 그렇게 되면 당신이 삶에서 하나님의 자리를 대신하게 되고 믿음은 사라진다. 믿음이 없으면 하나님을 기쁘게 할 수 없다. 보는 것에 의지하여 행하면서 하나님의 축복을 구하지 말라. "우리는 믿음을 바탕으로 삼아서 살아가는 것이지, 보는 것을 바탕으로 삼아서 살아가는 것은 아닙니다"(고후 5:7, 표준새번역).

보는 것과 믿음이 정반대인 까닭은 보는 것은 인간의 전망을 인정하지만 믿음은 하나님의 전망을 인정하기 때문이다. 하나님께 나오는 자는 그분이 계신 것과 그분이 진리라는 것을 믿어야 한다. 제프 마이어스(Jeff Myers)는 한 나라가 자멸하고 있다는 첫 번째 징후는 국민들이 무엇이 옳고 그른지를 스스로 결정할 수 있다고 믿는 것이라고 했다. "국민들은 자신들의 진리를 스스로 세울 수 있다고 믿는다. 진리는 '저 밖에서'(out there) 발견되길 기다리지만 우리에게 들리는 말은 우리 자신의 말과 행동이 진리를 창조한다는 것이다."[미주 1]

마이어스는 명확한 물리적 진리를 거부할 때 생기는 엄청난 차이를 예로 든다. "세인트 헬렌스 화산이 폭발하기 불과 얼마 전에 공원 순찰대원들은 주민들에게 대피를 지시했다. 그러나 그곳에서 오랫동안 살아 온 해리

152

트루먼이라는 사람은 떠나길 거부했다. 그는 순찰대원들에게 이렇게 말했다. '내 80 평생에 이 산은 한 번도 폭발한 적이 없었네. 그러니 폭발하지 않을 걸세.' 화산은 며칠 후 폭발했고 트루먼씨는 180미터 깊이에 묻히고 말았다."[미주 2]

트루먼씨는 순찰대원들의 증거와 긴급한 요구, 심지어 화산이 품어내는 연기와 화염까지도 진리를 말하는 게 아니라고 진지하게 믿었다. 그는 순찰대원들이 자신이 위험하다고 잘못 믿고 있다고 믿었을 것이다. 그러나 진지함이 진리의 시금석은 아니다. 우리가 아는 유일한 진리는 하나님이다. 진리가 존재하는 것은 그 진리가 본성이 진리인 분에게서 나오기 때문이다.

예수님은 불신앙을 꾸짖으셨다

예수님이 불신앙을 꾸짖으신 까닭은 불신앙이 그분을 부인하기 때문이다. 어떤 것이 진리라면 불신앙을 해결해야 한다. 그러나 이런 일이 사람들의 생각 속에서 늘 일어나는 것은 아니다. 예수님이 5천명을 먹이신 기적을 행하신 후 밤이 되었다. 예수님은 제자들에게 배를 타고 호수 건너편으로 가라고 명하신 후 기도하러 혼자 산에 올라가셨다. 제자들은 바람과 파도 때문에 빨리 나아갈 수 없었지만 그래도 몇 시간 후에는 해변에서 상당히 멀리까지 가 있었다. 그 때 예수님이 물 위를 걸어 그들에게 다가오셨다. "제자들이 그 바다 위로 걸어오심을 보고 놀라 유령이라 하며 무서워하여 소리지르거늘 예수께서 즉시 일러 가라사대 안심하라 내니 두려워 말라"(마 14:26-27).

> 예수께서 이르시되 네가 온전하고자 할진대 가서 네 소유를 팔아 가난한 자들에게 주라 그리하면 하늘에서 보화가 네게 있으리라 그리고 와서 나를 따르라 하시니 그 청년이 재물이 많으므로 이 말씀을 듣고 근심하며 가니라 예수께서 제자들에게 이르시되 내가 진실로 너희에게 이르노니 부자는 천국에 들어가기가 어려우니라
>
> (마 19:21-23)

베드로는 예수님에게 부탁했다. 물 위를 걸어 그분에게 가도록 명령해 달라는 것이었다. 예수님은 그렇게 하셨다. "베드로가 배에서 내려 물 위로 걸어서 예수께로 가되 바람을 보고 무서워 빠져 가는지라 소리질러 가로되 주여 나를 구원하소서 하니 예수께서 즉시 손을 내밀어 저를 붙잡으시며 이르시되 믿음이 작은 자여 왜 의심하였느냐 하시고"(마 14:29-31).

베드로는 예수님이 계신다는 사실에 담대해졌다. 그렇지만 베드로는 하나님의 진리를 경험하고 있을 때도 그 진리가 자신이 늘 알고 있던 한계를 거스르는 것을 느꼈다. 그래서 그는 하나님의 진리를 의심했으며 물에 빠지고 말았다. 예수님은 손을 내밀어 베드로를 구해주셨지만 왜 의심하느

냐고 그의 불신앙을 꾸짖으셨다. 예수님은 베드로와 함께 배에 오르셨고 바람이 그쳤다. "배에 있는 사람들이 예수께 절하며 이르되 진실로 하나님의 아들이로소이다 하더라"(마 14:33). 진리가 계시될 때, 사람들은 신앙이 아니면 불신앙으로 반응한다. 그러나 사람들의 반응이 하나님과 그분의 말씀이 진리라는 사실을 바꿔놓는 것은 아니다.

하나님의 말씀은 진리다

진리는 가장 확실하고 가장 행복하며 가장 평화로운 삶의 길이다. 이것은, 진리 곧 하나님의 진리에 기초한 삶이 어떤 환경에서든 평온하다는 뜻이 아니다. 이것은 이 진리를 말씀하시고 우리에게 깨닫게 하시는 분이 하나님이시라는 사실을 성령께서 우리에게 확인시켜 주실 것이라는 뜻이다. 환경은 우리에게 의심을 불러일으킬 수도 있다. 그러나 하나님이 말씀하실 때, 그분의 말씀은 칼과 같고, 중력보다 확실하며, 그분의 마음에서 곧바로 나오는 확실한 결과가 있다.

의미심장한 역사, 곧 하나님의 역사가 1727년 현재의 독일에 위치한 헤른후트에서 일어났다. 진센돌프 백작이 모라비안이라는 한 무리의 신자를 자신의 영지로 데려왔다. 이들은 성경을 절대적으로 의지했기 때문에 박해를 받고 쫓겨 다니다가 헤른후트에서 피난처를 찾았다. 이들은 백작의 도움으로 그의 영지에 작은 공동체와 교회를 세웠다.

모라비안들은 영적으로, 육적으로 구원받는다는 게 무슨 뜻인지 알았으며, 하나님의 말씀이 이들에게 매우 강하게 역사했다. 이들은 자신들이 읽는 모든 것에서 하나님의 큰 사랑에 반응해야 한다는 것을 깨달았다. 이들은 이스라엘 백성에게 출애굽 내내 하나님의 임재를 상기시켜 주었던 이동 성전, 곧 성막을 생각했다. 이들은 불이 절대로 꺼지지 않았던 분향단을 기억했다.

분향단은 하나님의 보좌에 끊임없이 올라가는 사람들의 기도를 상징하기 위해 하나님이 직접 설계하신 것이었다. 그 때문에 모라비안들은 스스로에게 이렇게 물었다. "우리도 이렇게 해야 하지 않는가? 하나님이 그분의 백성의 기도가 끊임없이 올라오길 원하신다면 우리가 밤낮으로 기도해야 하지 않겠는가?"

> 예수께서…눈을 들어 하늘을 우러러 이르시되…그들을 진리로 거룩하게 하옵소서 아버지의 말씀은 진리니이다 아버지께서 나를 세상에 보내신 것 같이 나도 그들을 세상에 보내었고 또 그들을 위하여 내가 나를 거룩하게 하오니 이는 그들도 진리로 거룩함을 얻게 하려 함이니이다
>
> (요 17:1, 17-19)

작은 모라비안 교회는 하루에 24시간, 일주일에 7일을 쉬지 않고 기도하는 데 헌신했다. 이들은 가정별로 나누어 순서를 정했다. 이들의 기도는 끊어지지 않은 채 백 년이 넘게 계속되었다.

모라비안들은 하나님의 말씀은 참되다고 믿었고 하나님은 이들의 마음에 역사하셨다. 이들은 유럽 다른 지역들의 필요를 느꼈다. 이들은 하나님이 말씀하신다면 가지 않을 수 없다고 생각했다. 이들은 젊은이들과 그 밖의 사람들을 유럽으로 보내 교회를 세웠다. 이들은 그린란드(Greenland)에 복음이 전파되지 않았다는 소식을 들었다. 몇몇 부부가 자원했으며 예수님의 피와 아버지를 위한 그분의 희생을 생각하면서 이렇게 말했다. "그분께 우리의 생명을 드리는 게 마땅하지 않습니까?"

모라비안들이 하나님의 말씀을 기초로 행동할 때 얼마나 많은 영향을 미쳤던지 세계의 많은 지역이 이들을 통해 그리스도를 알게 되었다. 이들이 헤른후트에 교회를 세운 지 50년쯤 지났을 때, 이들이 파송한 선교사는 당시 다른 모든 선교단체가 파송한 선교사를 모두 합친 것보다 많았다.

하나님은 이들을 사용하여 감리교 운동을 일으키기까지 하셨다. 존 웨슬리는 낙심하고 영적으로 고갈된 상태로 미국에서 영국으로 돌아오고 있었다. 그러나 바다에서 폭풍이 일어났을 때, 그는 한 배를 탄 모라비안들의 놀라운 믿음을 직접 보았다. 웨슬리는 전에는 결코 몰랐던 하나님을 알고 이해하게 되었다. 그 결과 미국에서 일어난 제2차 대각성 운동과 뒤이어 영국과 웨일즈에서 일어난 부흥 운동을 통해 수백만이 복음의 영향을 받았다. 하나님의 말씀과 진리에서 하나님을 만났던 한 무리의 사람이 새롭고 강력하게 세상을 흔들어 놓았다.

하나님의 길은 성경에 계시되어 있다

　나는 하나님의 말씀을 열 수 있다는 사실에 전율을 느낀다. 하나님의 말씀을 대할 때마다, 그분의 책을 펼 때마다, 저자 앞에 있음을 깨닫는다. 그분은 그 책이 기록되게 하셨을 뿐 아니라, 그 기록이 정확하게 보존되게 하셨으며, 우리가 하나님의 말씀을 듣거나 읽을 때마다 우리를 인도하려고 놀라운 성령을 우리의 선생으로 보내신다고 약속하셨다.

　하나님은 그분의 말씀을 어떻게 따라야하는지 매우 분명하게 말씀하신다. "내가 너희에게 명령하는 말을 너희는 가감하지 말고 내가 너희에게 내리는 너희 하나님 여호와의 명령을 지키라"(신 4:2). 하나님이 성령을 주시는 것은 말씀의 진리를 우리에게 계시하시기 위해서다.

하나님은 진리를 전달하신다

나는 가는 곳마다 하나님이 사람들을 다루시는 것을 본다. 이것은 전혀 놀라운 일이 아니다. 베드로는 하나님은 "아무도 멸망하지 아니하고 다 회개하기에 이르기를 원하시느니라"(벧후 3:9)고 했다. 하나님은 우리 주변에서 항상 일하신다. 그러나 하나님이 하고 계시는 일에 대한 우리의 인식은 우리의 환경에 영향을 받을 수 있다.

욥기에는 엘리후라는 젊은이가 나온다(욥 32:2). 당신도 기억하듯이, 욥은 꼬리를 무는 재난으로 믿음을 시험받은 의로운 사람이었다. 욥은 개인적, 경제적 비극을 너무나 많이 겪었을 뿐 아니라 건강마저 잃었다. 그의 세 친구는 이 모든 일이 왜 일어났는지를 규명하는 데 관심이 아주 많았다. 그러나 욥 자신도 그 이유를 몰랐다. 엘리후는 가만히 듣다가 화를 내며 등장했다. 그가 욥에게 화를 낸 것은 욥이 하나님이 아니라 자신을 정당화하고 있기 때문이었으며, 그가 세 친구에게 화를 낸 것은 욥을 논박하지 않고 비난하고 있기 때문이었다.

사실, 엘리후는 네 사람에게 자신이 온 것은 자신보다 연장자며 아마도 더 지혜로울 사람들에게서 하나님을 좀더 많이 배우고 좀더 많은 통찰을 얻고 싶어서라고 했다. 하지만 그가 들은 것이라고는 수많은 억측뿐이었으며, 어느 누구도 하나님의 마음을 말하지 않았다.

엘리후는 자신이 하나님에 관해 알고 있는 것을 말했으며 먼저 우리가 지금도 듣고 있는 불평, 곧 "하나님은 더는 우리에게 말씀하시지 않는다"는 불평에 답했다.

하나님께서 사람의 말에 대답하지 않으신다 하여

어찌 하나님과 논쟁하겠느냐

하나님은 한 번 말씀하시고 다시 말씀하시되

사람은 관심이 없도다

(욥 33:13-14)

연장자들이 불평할 때, 엘리후는 이들이 하나님이 전달하길 원하시는 진리를 스스로 막았다는 것을 깨닫길 바라면서 진리의 영에 감동되어 이들이 스스로 볼 수 없는 것을 말했다.

사람이 침상에서 졸며 깊이 잠들 때에나

꿈에나 밤의 이상 중에

사람의 귀를 여시고 인치듯 교훈하시나니

이는 사람으로 그 꾀를 버리게 하려 하심이며

사람에게 교만을 막으려 하심이라

그는 사람의 혼으로 구덩이에 빠지지 않게 하시며

그 생명으로 칼에 멸망치 않게 하시느니라

혹시는 사람이 병상의 고통과 뼈가 늘 쑤심의 징계를 받나니

그의 마음은 식물을 싫어하고 그의 혼은 별미를 싫어하며……

그럴 때에 만일 일천 천사 가운데 하나가

그 사람의 해석자로 함께 있어서

그 정당히 행할 것을 보일진대

하나님이 그 사람을 긍휼히 여기사 이르시기를

그를 건져서 구덩이에 내려가지 않게 하라

내가 대속물을 얻었다 하시리라…

그가 사람 앞에서 노래하여 이르기를

내가 전에 범죄하여 시비를 바꾸었으나 내게 무익하였었구나

하나님이 내 영혼을 건지사

구덩이에 내려가지 않게 하셨으니

내 생명이 빛을 보겠구나 하리라

하나님이 사람에게 이 모든 일을 재삼 행하심은

그 영혼을 구덩이에서 끌어 돌이키고

생명의 빛으로 그에게 비취려 하심이니라

(욥 33:15-20, 23-24, 27-30)

내가 이 두루마리의 예언의 말씀을 듣는 모든 사람에게 증언하노니 만일 누구든지 이것들 외에 더하면 하나님이 이 두루마리에 기록된 재앙들을 그에게 더하실 것이요 만일 누구든지 이 두루마리의 예언의 말씀에서 제하여 버리면 하나님이 이 두루마리에 기록된 생명나무와 및 거룩한 성에 참예함을 제하여 버리시리라

(계 22:18-19)

하나님은 그분의 진리를
당신에게 전달하신다

하나님은 성경에서 엘리후의 말을 통해 욥에게 말씀하실 때처럼 우리에게도 분명하게 말씀하신다. 우리는 하나님이 우리의 고통을 통해 하시는 말씀을 듣지 않아서 놓쳐버리는 교훈의 값을 대수롭지 않게 여긴다(25-26절). 하나님이 우리의 입이 닫혀 있고 우리의 마음이 어느 쪽으로도 기울지 않은 것을 보실 때는 우리가 잠들었을 때 뿐일 것이다(15-16절). 성경에서, 하나님은 꿈을 통해 사람들에게 말씀하실 때가 많다.

하나님은 또한 우리의 실패를 통해 그분의 진리를 전달하신다. 욥기 33장 17절 이하는 우리의 교만이 참혹한 파멸을 초래할 수 있다는 것을 냉혹하게 상기시켜 준다. 하나님은 또한 보존을 통해 우리에게 말씀하신다. 보존이란 당신 주변의 사람들이 멸망할 때 하나님이 당신을 제외시키신다는 뜻이다. 하나님이 당신을 구원하시는 것은 목적이 있기 때문이다. 하나님은 당신을 구덩이나 칼에서 보호하여 당신의 관심이 당신을 파멸시킬 것에서 생명을 주는 진리로 되돌아오게 하신다.

수십 년 전에 로이가 오끼나와에서 선교사로 있을 때, 라디오 선교 방송을 끝낼 때마다, 질문이 있거나 기도나 상담이 필요한 청취자는 전화를 해달라고 했다. 어느 날 밤, 군인이라고 밝힌 청취자가 전화를 걸어 로이에게 자기 집에 와 줄 수 있느냐고 물었다. 다음 날 아침, 로이가 그의 집을 찾아갔을 때 그는 아내와 아들과 함께 있었다. 로이는 그의 군복을 보고 그가 특수부대 소속이라는 것을 알았다. 또한 아주 귀한, 특히 살아 있는 사람에게는 좀처럼 수여되지 않는 의회 훈장도 눈에 띄었다.

군인의 이야기는 베트남에서 시작되었다. "저는 사느냐 죽느냐를 결정해야 했습니다. 저희 부대원 모두 전사했습니다. 저만 살아 남았습니다. 저는 불타고 있는 두 대의 헬리콥터에서 까맣게 탄 부대원들의 시신을 끌어냈습니다. 전우들은 모두 죽었고, 저는 한 쪽 다리와 팔이 부러졌고 게다가 등에까지 골절상을 입었습니다."

"저는 하늘을 보며 외쳤습니다. 하나님, 당신이 무엇인지 또는 누구인지는 모릅니다. 그러나 저는 사느냐 죽느냐를 결정해야 합니다. 당신이 계시다면 어떻게 해야할지 알려주시겠습니까?"

젊은 군인은 이렇게 말했다. "그때 하나님이 제게 말씀하셨습니다. 그렇다고 무슨 음성을 들은 것은 아닙니다. 그게 정확하게 뭐였는지는 모르지만 하나님은 이렇게 말씀하셨습니다. '나는 하나님이다. 내가 너를 지키리라. 너를 사랑한다. 내가 네 생명을 보존하리니 네가 나를 찾으리라.'"

군인은 말을 계속했다. "바로 어젯밤에 선생님의 메시지를 듣고 있었습니다. 그런데 갑자기 선생님과 이야기를 나눠보아야겠다는 생각이 들었습니다. 어떻게 하면 베트남에서 제게 말씀하신 하나님을 찾을 수 있는지 말씀해 주십시오."

잠시 후, 로이는 어떻게 예수님을 그의 주님과 구주로 영접할 수 있는지를 가르쳐 주었다. "제 아내에게도 가르쳐 주시겠습니까?" 그가 말했다. 그의 아내도 예수 그리스도를 영접했다. "제 아들에게도 가르쳐

주시겠습니까?" 로이는 열 살짜리 소년에게 예수님을 전했고, 소년도 예수님께 마음을 열었다. 하나님은 보존을 통해 말씀하셨다. 그분이 이 사람의 생명을 보존하신 것은 그를 구원하시고 그를 통해 다른 사람들까지 구원하시기 위해서였다. 그날 아침, 온 가족이 하나님의 진리의 증인이 되었다.

하나님은 진리 안에서 역사하신다

하나님이 어떤 목적을 위해 진리를 계시하시는 것은 그분이 진리 안에서 역사하시기 때문이다. 하나님은 우리가 그분의 진리를 받아들이고 그 진리에 따라 살기를 원하신다. 하나님은 우리를 도우시려고 그분과 그분의 참된 길을 우리에게 계시하신다. 하나님에게서 나오는 한 마디가 안전하게 살 수 있도록 우리에게 진리를 준다. "모든 성경은 하나님의 감동으로(God-breathed) 된 것으로 교훈과 책망과 바르게 함과 의로 교육하기에 유익하니"(딤후 3:16).

이 구절은 성경이 하나님의 말씀이며, 말 그대로 하나님의 호흡이라는 것을—하나님의 감동으로 되었다는 것을—확인시켜 준다. 하나님이 성경을 호흡하신다는 이미지는 하나님이 최초의 인간인 아담을 통해 어떻게 생명의 선물을 우리에게 주셨는지를 상기시켜 준다(창 2:7). 이제 바울은 젊은 디모데에게 성경은 그 진리에서 신뢰할 수 있을 뿐 아니라 사람을 가르치고 판단하는 기준으로서도 절대적이라는 것을 상기시킨다. 하나님 그분의 말씀, 삶의 잣대인 진리는 긴밀하게 연결되어 모든 신자에게 하나님의 길을 이루고 있다. 예수님이 하신 기도 중에 우리 모두에게 가장 의미 있는 기도는 진리와 하나님의 말씀이 모든 제자의 삶에서 차지하는 자리에 관한 것이다. "그들을 진리로 거룩하게 하옵소서 아버지의 말씀은 진리니이다 아버지께서 나를 세상에 보내신 것 같이 나도 그들을 세상에 보내었고 또 그들을 위하여 내가 나를 거룩하게 하오니 이는 그들도 진리로 거룩함을 얻게 하려 함이니이다"(요 17:17-19).

> 사람이 떡으로만 살 것이 아니요 하나님의 입으로부터 나오는 모든 말씀으로 살 것이라
>
> (마 4:4)

하나님은 오직 자신을 위해 직접 우리를 진리로 "거룩하게 하셨다" 즉 구별하셨다. 예수님은 "아버지의 말씀은 진리니이다"라고 기도하셨다. 하나님의 말씀은 그분을 위해 계속적으로 "우리를 구별한다." 그리고 하나님의 말씀이 진리인 것은 진리가 하나님의 본성이기 때문이다.

예수님 자신이 하나님의 말씀으로 사셨다. 예수님은 사단에게 대답하시면서 신명기 8장 3절을 그대로 인용하셨다. "사람이 떡으로만 살

것이 아니요 하나님의 입으로부터 나오는 모든 말씀으로 살 것이라"(마 4:4). 당신은 이렇게 생각할지 모른다. '생존을 위해서는 육체적인 것뿐 아니라 영적인 것도 분명 필요해.' 그러나 여기서, 하나님의 말씀 전체에서 요점은 생명이 떡보다 중요하며 하나님의 말씀이 영적인 인도보다 중요하다는 것이다. 하나님의 말씀은 생명 자체며, 영원한 생명이다. 하나님이 말씀하실 때 (1) 그 말씀은 참되며 (2) 우리를 하나님에게서 나오는 생명으로 인도하며 (3) 우리가 하나님의 모든 말씀을 믿고 순종할 때 풍성한 생명을 준다.

하나님은 모세를 통해 그분의 율법을 그분의 백성에게 주시면서 이렇게 말씀하셨다. "율법은 단지 빈 말이 아니라 바로 너희의 생명이다"(신 32:47, 표준 새번역). 하나님은 그분의 말씀을 통해 일하신다. 지금과 영원히 우리의 존재를 결정하는 것은 하나님의 말씀이다. 하나님의 말씀은 진리이며 따라서 생명을 준다. 하나님의 말씀은 그분의 충만한 생명을 우리의 삶에 준다. 하나님이 그분의 아들을 보내셨을 때 그분의 아들에게서 나온 모든 말씀이 생명을 가져다준다는 것도 진리다.

하나님은 그분의 진리를 바꾸지 않으신다

하나님의 길의 진리가 적용될 때 그 진리는 바뀌지 않으며 우리가 바꿀 수도 없다(마 24:35). 하나님은 진리이며 그분의 본성은 결코 변하지 않는다. 진리가 본성적으로 변하지 않듯이, 하나님이 개입하지 않으시면 하나님의 진리에 도전하는 결과도 변하지 않는다. 이처럼 하나님의 본성은 변하지 않기 때문에 우리는 그분이 말씀하신 모든 약속을 크게 기뻐하며 확신할 수 있다.

하나님의 말씀을 바꾸는 데 따르는 비극적인 결과는 사울 왕의 삶에서 분명하게 나타난다. 사울 왕은 그의 나라와 생명과 가족까지 잃었다. 사울은 이스라엘의 초대왕으로 하나님의 선택을 받았고 사무엘 선지자에게 기름부음을 받았다(삼상 9:17). 사울은 보잘 것 없었으나 백성을 이끌 때 하나님의 인도하심을 믿었다(삼상 9:21). 하나님은 사울을 변화시켜 그분의 백성의 왕으로서 그분을 섬길 수 있는 능력을 주셨다(삼상 10:6). 하나님은 그분의 말씀을 알고 행하도록 그분의 영을 부어주셨다.

그러나 사울의 통치가 계속될수록 전쟁이 치열해졌다(삼상 14:52). 하지만 사울은 하나님께 더 가까이 나아가지 않았고 오히려 마음을 돌이켜 하나님을 더 멀리했다. 예를 들면, 하나님은 사울에게 이스라엘의 대적인 아말렉 족속을 멸하고 포로나 전리품을 조금도 취하지 말라고 명하셨다(삼상 15:3). 그러나 사울은 하나님의 명령에 순종하지 않았다. 그는 불순종하여 아말렉 왕을 사로잡고 가장 좋은 가축을 전리품으로 남겨두었다. "사울과 백성이 아각과 그의 양과 소의 가장 좋은 것 또는 기름진 것과 어린 양과 모든 좋은 것을 남기고 진멸하기를 즐겨 아니하고 가치 없고 하찮은 것은 진멸하니라"(삼상 15:9).

내가 온 것은 양으로 생명을 얻게 하고 더 풍성히 얻게 하려는 것이라

(요 10:10)

내가 그리스도와 함께 십자가에 못 박혔나니 그런즉 이제는 내가 사는 것이 아니요 오직 내 안에 그리스도께서 사시는 것이라 이제 내가 육체 가운데 사는 것은 나를 사랑하사 나를 위하여 자기 자신을 버리신 하나님의 아들을 믿는 믿음 안에서 사는 것이라

(갈 2:20)

사울과 그의 아래 있는 사람들은 하나님을 무시했다. "여호와의 말씀이 사무엘에게 임하니라 이르시되 내가 사울을 왕으로 세운 것을 후회하노니 그가 돌이켜서 나를 따르지 아니하며 내 명령을 행하지 아니하였음이니라 하신지라"(삼상 15:10-11). 하나님의 말씀에 불순종하는 것은 그분에게 등을 돌리는 것이다. 하나님이 말씀하실 때 그분의 말씀을 거역하는 것은 그분을 거역하는 것이다. 그분을 거역하는 것은 유일한 생명을 떠나는 것이다.

"사무엘이 사울에게 이른즉 사울이 그에게 이르되 원하건대 당신은 여호와께 복을 받으소서 내가 여호와의 명령을 행하였나이다"(삼상 15:13). 하나님의 진리를 무시한 사울은 진리와 완전히 반대되는 거짓말까지 했다. 사울은 하나님이 원하시는 것을 바꾸려 했으며 진리와 논쟁했다. "사울이

이르되 그것은 무리가 아말렉 사람에게서 끌어 온 것인데 백성이 당신의 하나님 여호와께 제사하려 하여 양들과 소들 중에서 가장 좋은 것을 남김이요 그 외의 것은 우리가 진멸하였나이다"(삼상 15:15).

> 사무엘이 이르되 여호와께서 번제와 다른 제사를 그의 목소리를 청종하는 것을 좋아하심 같이 좋아하시겠나이까 순종이 제사보다 낫고 듣는 것이 숫양의 기름보다 나으니 이는 거역하는 것은 점치는 죄와 같고 완고한 것은 사신 우상에게 절하는 죄와 같음이라 왕이 여호와의 말씀을 버렸으므로 여호와께서도 왕을 버려 왕이 되지 못하게 하셨나이다
>
> (삼상 15:22-23)

사무엘은 사울을 가로막고는 그가 하나님의 명령을 거역하여 하나님을 거역했으며 그 때문에 그의 나라를 잃게 될 것이라고 했다. 결국 사울은 자신의 목숨과 왕자들의 목숨까지 잃게 되었다. 사무엘은 사울이 하나님의 말씀을 거역한 것이 하나님에게 얼마나 심각한 것인지 말해주었다. "순종이 제사보다 낫고…거역하는 것은 점치는 죄와 같고 완고한 것은 사신 우상에게 절하는 죄와 같음이라"(삼상 15:22-23). 하나님은 사울에게 제안을 하신 게 아니라 명령을 하신 것이다. 이 명령은 사울의 생명이었다.

> 그들의 발을 씻으신 후에 옷을 입으시고 다시 앉아 그들에게 이르시되 내가 너희에게 행한 것을 너희가 아느냐 너희가 나를 선생이라 또

는 주라 하니 너희 말이 옳도다 내가 그러하다 내가 주와 또는 선생이 되어 너희 발을 씻었으니 너희도 서로 발을 씻어 주는 것이 옳으니라 내가 너희에게 행한 것 같이 너희도 행하게 하려 하여 본을 보였노라 내가 진실로 진실로 너희에게 이르노니 종이 상전보다 크지 못하고 보냄을 받은 자가 보낸 자보다 크지 못하니 너희가 이것을 알고 행하면 복이 있으리라

(요 13:12-17)

새 계명을 너희에게 주노니 서로 사랑하라 내가 너희를 사랑한 것 같이 너희도 서로 사랑하라 너희가 서로 사랑하면 이로써 모든 사람이 너희가 내 제자인줄 알리라

(요 13:34-35)

내가 이것을 너희에게 명함은 너희로 서로 사랑하게 하려 함이라

(요 15:17)

하나님의 완전한 사랑 경험하기

진리 안에 행하며 진리로 사는 것이 생명에 이르는 유일한 길이다. 예를 들면, 예수님은 산상설교에서 삶에는 두 가지 길밖에 없다고 말씀하셨

다. 생명으로 인도하는 좁은 길이 있고 사망으로 인도하는 넓은 길이 있다 (마 7:13-14). 예수님은 또한 놀라운 진리를 말씀하셨다. "찾는 이가 적음이라." 진리는 생명에 이르는 길이다. 진리를 인정하면서도 하나님의 뜻에 어긋나게 행하는 것은 죄다. 죄의 조건 가운데 하나가 무법(無法)이다. 인도하는 법이 없는 상태로 산다는 뜻이다. 이는 진리 안에 행하는 것과는 반대로 치명적이며 거짓된 삶을 산다는 뜻이다.

믿는 자는 하나님이 성경에서 말씀하신 대로 행해야 한다. 그분의 말씀은 절대적인 진리이기 때문이다. 그러므로 성경이 용서하라고 할 때 이것은 그리스도인의 용서는 선택이 아니라는 뜻이다. 그리스도인에게 용서는 명령이다. 하나님은 우리가 용서하지 않으면 우리를 용서하지 않겠다고 말씀하신다(마 6:14-15).

당신은 이렇게 말할 수 없다. "하나님은 나를 용서하겠다고 하셨으며 내가 용서받으리라고 하셨는데 이 말씀은 절대적으로 참되다. 그러나 '사람들이 네게 죄를 지을 때 그들을 용서하라'는 말씀은 그분의 진심이 아니다." 이렇게 말하는 것은 논리에 맞지 않을 뿐 아니라 하나님의 진리를 모독하는 것이다.

(하나님은 거짓말을
  하실 수 없다

하나님의 진리가 우리에게 주어졌더라도 우리는 하나님의 진리를 거짓말로 바꾸고 그 진리를 잘못 전하기 쉽다. 우리는 하나님의 진리를 우리 자신의 말로 표현하며 우리의 길과 거짓말이 될 만큼 바꾸어 버린다. 진리이신 하나님은 거짓말을 하지 않으신다. 사무엘 선지자는 하나님을 이렇게 묘사했다(삼상 15:29). 하나님이 누구신가에 대한 아주 분명한 진술이다. 하나님의 길은 진리이며 따라서 하나님은 거짓말을 하지 않으신다. 거짓말을 하는 것은 인간이다. 민수기 23장 19절은 이렇게 말한다. "하나님은 사람이 아니시니 거짓말을 하지 않으시고 인생이 아니시니 후회가 없으시도다." 하나님은 진리이며 진리를 말씀하시기 때문에 우리를 속이거나 버리지 않으신다. 하나님이 말씀하실 때 그 말씀은 이미 이루어진 것이다. "어찌 그 말씀하신 바를 행하지 않으시며 하신 말씀을 실행하지 않으시랴 내가 축복할 것을 받았으니 그가 주신 복을 내가 돌이키지 않으리라"(민 23:19-20). 하나님은 거짓말을 하시지 않는다. 하나님은 진리며 그분의 길도 진리다.

거짓말은 인간에게 자연스러운 것이다

인간의 상태는 절망적이다. 바울이 인용했던 시편 기자는 우리가 하나님에게 어떻게 보이는지 묘사했다.

기록된 바 의인은 없나니 하나도 없으며

깨닫는 자도 없고 하나님을 찾는 자도 없고

다 치우쳐 함께 무익하게 되고

선을 행하는 자는 없나니 하나도 없도다⋯

그 입에는 저주와 악독이 가득하고

그 발은 피 흘리는 데 빠른지라

파멸과 고생이 그 길에 있어

평강의 길을 알지 못하였고

그들의 눈 앞에 하나님을 두려워함이 없느니라

(롬 3:10-12, 14-18)

우리는 하나님의 길을 찾지 못하고 있다. 우리는 본래 하나님을 신뢰하기 싫어하고 자신을 신뢰하길 더 좋아한다. 우리는 하나님의 길을 믿지 못하고 비통함과 증오 속에 행하거나 진리를 믿지 못한 채 행한다. 믿음이 없다는 것은 하나님을 믿지 않는다는 뜻이다. 그러므로 우리는 믿음으로 행하지 않을 때 자신을 하나님에게 맞추지 않는다. 대신에 우리는 하나님에게 그분을 우리에게 맞추라고 요구한다.

하나님은 모든 죄와 마찬가지로 거짓말도 인간에게 자연스럽게 찾아온다는 것을 아신다. 하나님이 우리에게 그분의 법을 주신 것도 바로 이 때문이다. 하나님은 우리가 그분의 진리의 길을 알기를 원하신다. 하나님의 율법은 우리에게 순종의 기회를 주지만 그분의 율법을 지킨다고 의로

워지는 것은 아니다. 오직 내주하는 하나님의 진리만이 우리에게 하나님의 의를 준다. 오직 그분의 아들 예수 그리스도를 통한 구원만이 우리의 마음에 진리를 심어주며 우리를 하나님이 보시기에 의롭게 할 것이다.

거짓 행하는 자는 내 집 안에 거주하지 못하며
거짓말하는 자가 내 목전에 서지 못하리로다
(시 101:7)

하나님은 변하지 않으신다

우리는 이미 디모데후서 3장 14-16절에서 모든 성경은 하나님의 호흡이라는 것을-즉 진리이신 하나님에게서 직접 나왔다는 것을-보았다. 성경은 "의로 교육하기에(훈련하기에)" 유익하다. 하나님의 진리를 알 때 우리는 말 그대로 의로 훈련받는다. 우리는 평생토록 많은 부분에서 훈련을 받는다. 우리는 맡은 일에 훈련된 사람을 의지한다. 우리는 의사가 치료법을 안다고 믿으며, 건축가는 건축하는 법을 안다고 믿으며, 조종사는 비행기 조종법을 안다고 믿으며, 항해사는 항해하는 법을 알고 있다고 믿는다. 사람들이 그들의 일을 하고 있는 한 우리가 그들의 훈련

174 을 신뢰하는 것은 당연하다. 그런데 진리를 신뢰하며 진리가 우리를 의로 훈련할 수 있다는 사실을 신뢰하는 것이 왜 때로 어려운가?

의인의 간구는 역사하는 힘이 큼이니라

(약 5:16)

어떤 길은 사람의 보기에 바르나

필경은 사망의 길이니라

(잠 16:25)

진리로 훈련받지 않으면 생명에 이르는 길을 찾을 기회가 없다. 부자가 되었거나 유명해진 사람에게 또는 이런 저런 분야에서 세계 기록을 수립한 사람에게 물어 보라. 이들은 자신의 명성이나 지위나 돈이나 성취를 통해 생명의 길을 찾았는가? 인기나 부가 이들의 마음의 필요를 채워주는가? 때로 사람들은 마치 이런 것들이 마음의 필요를 채워줄 것처럼 행동하지 않는가? 하나님의 진리와 달리 명성은 덧없으며, 돈은 사라질 수 있고, 성취는 잊혀질 수 있다. 이것들은 영원하지 않으며 믿을 게 못 된다. 오직 진리이신 하나님만이 영원하다.

당신은 진리를 신뢰할 수 있다

하나님의 길은 시험 중에 있지 않다. 하나님의 입에서 나오는 모든 말씀은 참되다. 다른 모든 것은 죽음과 멸망으로 이어진다. 하나님의 길과 다른 것은 무엇이든 잘못된 것이다. 진리가 삶에 들어갈 때 그 결과는 열매다(마 13:23). 거짓말이 삶을 이끌 때 그 결과는 멸망이다.

컴퓨터를 사용할 때 화면이나 소프트웨어를 통해 입력한 대로 결과가 나온다는 것을 알 것이다. 인터넷 주소창에서 마침표를 찍지 않고 쉼표를 찍으면 사이트에 접속할 수 없다. 당신의 컴퓨터와 호환되지 않는 포맷이나 프로그램으로는 그 어떤 작업도 할 수 없을 것이다. 올바른 데이터가 없다면 원하는 결과를 결코 얻을 수 없을 것이다.

전기가 하나님의 길의 진리를 설명해준다. 전기는 변하지 않는다. 수많은 사람들이 전기라는 에너지를 매일 사용한다. 전기를 전기의 법칙에 따라 사용하면 전구를 켜거나 온갖 편리한 기구를 작동할 수 있다. 전력은 병원과 온갖 의료기구에 동력을 제공하여 생명까지 구한다. 그러나 전기의 법칙을 따르지 않을 때는 생명이 아니라 죽음이 뒤따른다. 이것이 전기의 진리다. 마찬가지로, 하나님의 진리의 길을 따르면 영원한 생명을 얻을 것이다. 진리는 하나님의 길이기 때문이다.

176 진리가 당신을 자유하게 한다

그리스도께서 하신 자신에 관한 가장 급진적인 계시가 요한복음 14장 6절에 나온다. "내가 곧 길이요 진리요 생명이니 나로 말미암지 않고는 아버지께로 올 자가 없느니라"(요 14:6). 예수님은 이 구절에서 "내가 너희에게 길을 보여주리라", "내가 진리를 알고 있으니 너희에게 일러주리라", 또는 "내가 너희를 치료할 수 있으니 너희에게 더 나은 삶을 주리라"고 말씀하시지 않았다. 대신에 예수님은 자신이 길이요 진리요 생명이라고 말씀하셨다.

예수님의 제자인 도마가 예수님에게 물었다. "주께서 어디로 가시는지 우리가 알지 못하거늘 그 길을 어찌 알겠사옵나이까"(요 14:5). 예수님은 "내가 곧 길이요"라고 대답하셨다. 모팻(Moffat) 번역은 예수님의 대답을 이렇게 번역했다. "나는 참이요 살아 있는 길이니라." 이 보다 아주 오래 전에 시편 기자는 이렇게 기도했다. "여호와여 주의 도를 내게 가르치소서 내가 주의 진리에 행하오리니 일심으로 주의 이름을 경외하게 하소서"(시 86:11). 하나님을 찾았던 많은 사람들이 동일한 질문을 하고 또 했다.

예수님은 길을 열어 주겠다거나 길을 가르쳐 주겠다거나 길을 따르는 자들이 길을 잃지 않길 바란다고 말씀하지 않으셨다. 예수님이 오셔서 우리 안에 거하시면서 우리를 인도하신다. 그분은 우리가 길을 잃도록 내버려두지 않으실 것이다. 그분은 도마가 탄 배에 육체로 계셨듯이 믿는 자들의 마음에 영적으로 계신다. 그리스도께서 계실 때 모든 상황의 진리는 전적으로 인간적인 인식과 다르다.

두려움과 절망으로부터의 자유

예수님이 배에서 잠이 드셨다. 그리고 갑자기 사나운 폭풍이 불었다. 폭풍의 세기와 배의 크기와 이런 상황에서 항해할 자신들의 능력을 감안할 때, 제자들의 인간적인 생각으로는 곧 침몰할 게 분명해 보였다. 제자들은 공포에 질렸다. 그러나 제자들이 생각한 그 상황의 진리는 아니었다. 그 상황의 진리는 배에서 주무시고 계셨다. 그리스도께서 계신다는 사실 때문에 모든 게 달라졌으며 또 달라진다. "곧 일어나사 바람과 바다를 꾸짖으시니 아주 잔잔하게 되거늘"(마 8:26).

> 너희가 사람의 잘못을 용서하면 너희 하늘 아버지께서도 너희 잘못을 용서하시려니와 너희가 사람의 잘못을 용서하지 아니하면 너희 아버지께서도 너희 잘못을 용서하지 아니하시리라
>
> (마 6:14-15)

요한복음 11장에 기록되어 있듯이, 나사로의 죽음에서 진리는 무엇이었는가? 세상의 전망에서 볼 때, 예수님의 친구인 나사로는 죽었을 뿐 아니라 시신이 부패했다. 세상의 전망으로 볼 때 희망이 전혀 없었다. 그러나 진리께서 이르러 "나사로야 나오라"고 명하시자 그분의 친구가 죽음에서 일어나 걸어 나왔다. 그리스도의 현존이 상황의 진리를 바꾸어 놓았는가? 물론이다!

나면서부터 앞을 보지 못했거나 걷지 못했으나 그리스도로 말미암아 온전하게 된 사람들은 어떤가? 세상의 전망에서 보면 이들의 상황은 절망적이었다. 그러나 그리스도 안즉 진리 안에서는 상황의 진리가 정반대였다. 이들은 보고 걸을 수 있었을 뿐 아니라, 이제는 지켜보며 놀라는 세상에게 그리스도의 영광을 더 효과적으로 선포할 수 있었다.

제자들의 생각에 상황의 진리는 온종일 주님의 말씀을 들은 수천 명의 사람들을 마을과 동네로 보내어 음식을 사 먹게 해야 한다는 것이었다(마 14:14-21). 어쨌든 제자들이 찾아낸 음식이라고는 작은 물고기 두 마리와 떡 다섯 개뿐이었다. 진리는 사람들이 굶주리게 되리라는 것이었는가? 아니다. 진리이신 분을 확인하기 전에는 결코 상황의 진리를 정확히 알 수 없다. 진리께서 말씀하시자 상황이 극적으로 바뀌었다. 5천 명이 넘는 사람들이 배불리 먹었으며 남은 음식이 열두 바구니였다. 하나님 나라의 진실은 세상의 진실이라는 그물에는 좀처럼 걸리지 않는다.

진정한 진리를 먼저 확인하지 않은 채 어떻게 상황의 진리를 알 수 있는가? 알 수 없다. 상황에 대한 세상의 전망이 의심스러운 이유는 세상은 진리를 이해하지 못하기 때문이다. 또한 세상은 진리이신 그리스도에 대한 당신의 믿음도 이해하지 못할 것이다.

우상숭배로부터의 자유

우상은 지금도 그리스도인들에게 위험한 것이다. 우상이란 삶에서 하나님의 자리를 대신하는 것이다. 교만처럼 무형의 것과 자동차나 집처럼 유형의 것을 포함해서 거의 모든 것이 우상이 될 수 있다. 우상숭배는 성경에서 많은 사람들의 문제였으며, 몇몇 사건을 보면 사람들이 어떻게 우상을 만들어내는가에 관한 예리한 통찰을 얻을 수 있다.

바울은 하나님의 영원한 능력과 신적인 본성이 피조물에 분명히 나타나 있는데도 인간은 어리석게도 하나님의 영광을 유한한 인간이나 짐승의 형상과 바꾸어 버렸다고 했다(롬 1:22-26). 예레미야는 사람들이 섬기려고 만든 것은 금이나 은으로 입혔어도 허수아비에 불과하다고 하시는 하나님의 말씀을 인용한다(렘 10:1-5). 사람들이 만들 수 있는 것과 비교할 때, 금이나 은이 없는 사람들이 자신이 가진 가장 좋은 재료로 만든 그들의 신과 비교할 때 하나님은 너무나 놀라울 뿐이다(사 40:18-20). 가장 어리석은 것은 사람들이 생명이 없다는 것도 알면서 자신들이 만든 것에게 부르짖을 뿐 아니라 모든 것을 아시고 자신들을 어려움에서 구원하신 하나님을 무시하는 것이다(사 46:5-9).

그 과정을 자세히 보라. (1) 사람들이 나무처럼 하나님이 만드신 것을 취한다. (2) 그것으로 자신이 선택한 형상을 만든다. (3) 그 위에 금이나 은을 입혀 아름답게 보이게 한다. (4) 자신들 앞에 세워놓는다. (5) 자신들의 손으로 만든 것에 절하며 그것이 자신들을 도우며 구원하리라고 기대한다. (6) 그것에게 외치지만 그것은 들을 귀가 없다.

우리는 하나님의 말씀에 대해서도 똑같은 짓을 할 위험이 있다. (1) 우리는 하나님의 말씀을 취한다. (2) 그 말씀을 우리의 바람에 맞게 변형시킨다. (3) 우리가 만들어낸 온갖 수식어로 그것을 "장식한다." (4) 그런 다음에 우리가 바꿔버린 하나님의 말씀을 신뢰하고 우리가 만든 것에 하나님이 복을 주시길 기대한다. 한 예로 우리는 서로 사랑해야 하지만 예외를 둔다. 하나님이 말씀하시고 계시하시는 것이 진리다. 우리는 하나님의 진리를 바꾸면서 그분이 일하시길 기대할 수 없다.

당신이 용서받은 것처럼 그저 용서하라

이미 말했듯이, 당신이 다음과 같이 말하고 있다면 거짓말을 하고 있는 것이다. "하나님은 나를 용서하겠다고 하셨으며 내가 용서받으리라고 하셨는데 이 말씀은 절대적으로 참되다. 그러나 '사람들이 네게 죄를 지을 때 그들을 용서하라' 는 말씀은 그분의 진심이 아니다.'" 이렇게 말하는 것은 논리에 맞지 않을 뿐 아니라 하나님의 진리를 모독하는 것이다. 용서는 당신을 죄에서 자유하게 할 뿐 아니라 은혜를 통해 가장 개인적인 방법으로 당신과 주변 모든 사람들에게 생명을 줄 수 있다.

1964년 빌리 그래함이 처음으로 도쿄에 갔다. 하토리라는 일본인 전도사가 통역을 했다. 한 사람이 영어로 설교하고 한 사람이 일본어로 통역하는 모습은 마치 한 동작처럼 유연하고 은혜로웠다. 도쿄의 어느 강당을 가득 메운 청중에게 복음이 선포되었다.

빌리 그래함은 설교할 때 검지를 내밀면서 이렇게 말하곤 했다. "주님이 오늘밤 당신에게 말씀하십니다. 예수님을 당신의 주요 구주로 영접해야 합니다. 하나님은 오늘밤 당신에게 말씀하십니다."

2층 발코니에 사업가 한 사람이 앉아 있었다. 그는 본래 네덜란드 사람이었지만 인도네시아에서 자랐다. 2차 세계대전이 일어나기 전, 인도네시아는 네덜란드의 식민지였는데 그는 인도네시아에 있는 큰 석유 회사의 현지 공장 책임자로 있었다. 일본이 인도네시아를 침략했을 때 네덜란드 정부는 그에게 유전과 저장 탱크를 불태우고 일본군의 전쟁 수행에 도움이 될 만한 것은 모조리 파괴하라고 명령했다. 정부는 또한 섬들이 일본군에게 넘어가는 것을 지체시키려고 시민들에게 끝까지 싸우라고 했다. 그리고 나서 더 큰 인명 손실을 피하고 항복하라는 전갈이 왔다.

사업가는 지칠 대로 지친 채 포로로 잡혀 콰이 강의 포로 수용소로 끌려갔다. 매일 아침마다 포로들은 급류가 흐르는 강으로 나가야 했다. 포로들은 일할 만큼 건강한지를 알아보기 위해 강을 건너야 했다. 약한 자들은 중간에 포기하고 물에 빠져 죽었다. 너무 약해 급류를 헤치고 걸을 수 없는 사람들은 물에 빠졌고 때로는 급류에 휩쓸려갔다. 사업가는 형제와 부모를 잃었으며 마침내 가족을 모두 잃었다. 그러나 그는 어떻게든 살아남기로 했다. 포로들이 석방되었을 때, 그는 마르고 약했지만 인도네시아 탈환에 참여하겠다고 고집했으며 여러 섬을 되찾는 데 도움을 주었다.

전쟁이 끝나고 전범 재판이 시작되었을 때 그는 콰이 강 포로 수용소의 지휘관들에 대한 증언을 하기 위해 도쿄에 왔다. 그는 인상적이며 가장 중요한 증인이었다. 그는 일본어를 포함해서 여러 언어를 구사했으며, 날짜와 잔혹 행위를 놀랍도록 정확하게 기억해 냈고 관련된 장교들의 이름과 계급을 정확히 말했다. 재판이 끝난 후, 네덜란드 정부는 그에게 일본 연락관으로 도쿄에 남아달라고 했다. 1964년, 그는 아직도 도쿄에서 일하고 있었다.

그는 빌리 그래함 전도 집회가 열리는 강당 발코니에 앉아 있었다. 그는 이렇게 말했다. "빌리 그래함의 손가락이 나만 겨냥한 대포 같았습니다." 그가 자리에서 일어나 아래로 내려갔을 때 전직 일본군 대령도 앞으로 나갔다. 이 집회에서 미육군 대령의 참모 가운데 한 사람이 두 사람을 연결시켜 주었으며 두 사람이 예수 그리스도를 주님으로 영접하도록 도와주었다.

그 일본인은 포로 수용소 장교는 아니었지만 여러 전투에서 연합군과 싸운 경험이 있었다. 두 사람은 곧 그리스도를 구주로 영접했다. 전에는 원수였던 사람들이 서로를 끌어안았다. 나는 나중에 도쿄 침례교회에서 목회할 때 두 사람을 집사님으로 두는 기쁨과 특권을 누렸다.

〔 생각해 보라
     -기도해 보라

● 확신에 찬 기대를 갖고 행하여 하나님의 약속을 인정한다면 엄청난 자유를 경험하게 될 것이다. 이것은 하나님은 참되시며, 의지하고 신뢰할 수 있는 분이라는 것을 아는 데서 오는 자유다. 하나님은 그분이 하겠다고 말씀하신 것을 그분의 시간에 그분의 방법으로 하실 것이다. 인격체, 곧 하나님의 인격체인 진리에 대한 당신의 믿음을 따라 기도하고 그분을 신뢰하는 데서 오는 자유를 누려라.

● 하나님은 진리를 전하기 위해 많은 사람을 사용하셨다. 고린도후서 5장 20절을 읽어 보라. 이 구절은 "하나님이 우리를 통하여 너희를 권면하시는 것 같이" 믿는 자들은 하나님의 대사라고 말한다는 데 주목하라. 진리의 영향을 깨닫도록 도와달라고 기도하라. 당신의 삶과 세상에서 진리를 따라 살 때 어떻게 쓰임 받을 수 있는지 보여달라고 기도하라.

● 하나님은 진리 안에서 행하신다. 하나님의 진리는 그분이

우리를 사랑하시며 우리에게 그분의 말씀을 주셨다는 사실을 포함한다. 그분은 우리를 완전하고 일관된 사랑으로 대하신다. 하나님이 당신 안에 사신다면 당신은 어떻게 행동해야 하는가? 자신의 뜻대로 행동해야 하는가 아니면 진리를 따라 행동해야 하는가?

- 하나님은 진리다. 하나님은 그분의 본성과 길을 그분의 말씀에 기록하셨으며 우리에게 계시하신다. 하나님의 길에서 떠나는 것은 그분에게서 떠나는 것이다. 그분에게서 떠나는 것은 생명에서 떠나는 것이다. 아주 조금 떠나는 것도 떠나는 것이며, 하나님은 그분의 길과 모순되게 행하지 않으실 것이다.

- 하나님은 진리다. 서로 다른 문화에서 구원받았으며 서로를 증오하도록 경험을 통해 교육받은 두 사람이 그리스도 안에서 형제가 되었으며 가장 좋은 친구가 되었다. 하나님은 진리 안에 행하시기 때문에 하나님의 말씀이 두 사람의 삶에 적용되었을 때 두 사람은 하나가 되었다. 하나님은 이들의 마음에 말씀하셨으며 이들로 하여금 삶에는 자신들이 살아온 것보다 더 많은 게 있다는 것을 깨닫게 하셨다. 이들은 하나님이 말씀하시는 것을 들었고 진리에 반응했다. 당신 주변에서 오늘 진리를 듣고 그 진리에 반응하도록 하나님이 준비하신 사람은 누구인가? 기억하라. 하나님은 진리이실 뿐 아니라 진리 가운데 행하신다.

미주

1. Jeffrey L. Myers, "Recognizing the Signs of the Times", http://homeschool.crosswalk.com/myers, 16 May 2000.
2. Ibid.

06 (하나님의 길은 영원하다)

나는 알파와 오메가요
처음과 마지막이요 시작과
마침이라

요한계시록 22:13

몇 년 전, 로이는 텍사스의 작은 마을에서 목회를 했다. 그 마을은 대규모 목장에 생계를 의존했다. 마을 사람들 거의 모두가 그 목장에서 일하거나 그 목장과 관련된 일을 했다. 사람들은 그 목장을 좋아했다. 사람들이 모두 서로를 가족처럼 대했다. 그곳의 삶은 대체로 조용하고 안전했다.

마을에는 사람들이 다정하게 엉클 윌이라고 부르는 사람이 있었다. 그는 사실 그 누구의 삼촌도 아니었으며 거의 평생을 소떼를 돌보면서 지낸 늙은 홀아비였다. 내가 그 교회 목사로 부임했을 때, 엉클 윌은 80대 초반이었으나 아직도 목장에서 일을 했다. 그는 뼈가 심하게 부러져 몇 년 동안 목장 일을 못한 적도 있었다. 그는 말에서 수없이 떨어지고, 뼈가 부러지고, 밟히고, 넓은 평원에서 외로운 밤을 보내면서 지금까지 살아왔다.

엉클 윌은 그리스도인이 아니었으나 심방과 구원에 대한 이야기는 언제나 환영이었다. 우리는 친구가 되었고 아내와 나는 그를 정기적으로 찾아갔다. 그는 어머니가 그리스도인이었으며 주님을 사랑했었다고 말했다. 그의 어머니는 교회에 잘 다니셨다고 했다. 내가 성경을 읽어주자 그는 하나님의 사랑이 그분의 아들 예수를 통해 우리에게 주어졌다는 사실도 인정했다. 그러나 엉클 윌은 예수님에게 그의 죄를 사하고 그의 삶의 주님이 되어달라는 말은 절대로 하려 하지 않았다.

엉클 윌의 몸에서는 암세포가 빠르게 자라고 있었으며 건강은 순식간에 크게 악화되었다. 우리는 매주 그를 찾아가 그와 하나님의 관계를 이야기해 주었다. 그는 구원에 관한 진리와 자신에게 그리스도가 필요하다는 것은 인정했지만 그리스도를 자신의 삶에 받아들이려 하지 않았다. 그의 상태는 점점 나빠졌다.

> 또한 모든 것을 해로 여김은 내 주 그리스도 예수를 아는 지식이 가장 고상하기 때문이라 내가 그를 위하여 모든 것을 잃어버리고 배설물로 여김은 그리스도를 얻고…내가 그리스도와 그 부활의 권능과 그 고난에 참여함을 알고자 하여 그의 죽으심을 본받아
>
> (빌 3:8, 10)

어느 날 아침, 병원에서 전화가 왔다. 엉클 윌이 죽음을 앞두고 나를 보고 싶어 한다고 했다. 그는 내가 와줘서 기쁜 것 같았다. 나는 하나님의 구원 계획을 다시 한 번 이야기했다. 그는 또 다시 자신은 예수님을 구주로 영접할 준비가 되지 않았다고 했다. 나는 다시 한 번 생각해 보라고 했다. 그는 나를 쳐다보았고 그의 몸은 점점 식어갔다. 그의 눈동자는 굳어졌으며 다른 곳을 향했다. 그는 이렇게 말했다. "싫어! 싫다니까! 지금도, 그리고 영원히 하나님을 원하지 않아!" 그는 나를 쳐다보지 않았으며 이야기를 하려 하지 않았다. 나는 그를 위해 기도했으며 그에게 마음을 열라고 간청했다. 내가 돌아올 때, 그의 목소리가 다시 들렸다. "싫어! 싫다니까! 내겐 하나님이 필요 없어." 그는 그날 밤에 죽었으나 내가 알기로는 여전히 하나님과 분리된 채였다. 나는 잠언 29장 1절을 생각했다.

자주 책망을 받으면서도 목이 곧은 사람은
갑자기 패망을 당하고 피하지 못하리라

엉클 윌은 너무 늦었다.

시간이 아니라
영원을 위해

    하나님은 시간이 아니라 영원을 위해 우리를 창조하셨다. 그러므로 우리는 시간을 위해 사는 게 아니라 영원을 위해 산다. 하나님이 우리에게 허락하신 존재의 나머지 부분은 지금부터 죽음을 통해 확대되며 영원히 계속된다. 하나님은 시간의 제약을 받지 않으신다. 하나님은 시간의 창조자이기 때문에 시간 속에 계시거나 시간의 제약을 받지 않으신다. "나는 알파와 오메가요 처음과 마지막이요 시작과 마침이라"(계 22:13). 하나님은 시간 전에 계셨고, 지금도 계시며, 시간이 지나간 후에도 계실 것이다. 하나님은 우리가 아는 시간의 제약을 받으시는 게 아니라 시간을 완전히 지배하신다.

    하나님이 우리를 창조하시고 시간 속에 두신 것은 우리가 그분을 알고 그분과 관계를 맺을 기회를 얻게 하기 위해서였다. 하나님은 더 많은 사람들이 그분을 알고 구원받을 기회를 얻게 하려고 세상의 마지막을 늦추기까지 한다고 말씀하신다(벧후 3:9). 하나님의 무시간적인 의식은 사람들의 생각과 정반대다. 어떤 사람들은 시간의 제약이 없다면 '서두를 게 뭐 있어?'라고 생각할지도 모른다. 그러나 하나님은 시간을 창조하셨으며, 시간이 얼마나 남았고, 영원한 치료를 위한 시간이 언제 끝날지 알고 계신다.

베드로전서 4장 7-8절은 이러한 긴급성을 믿는 자들의 전망을 형성하는 한 방법으로 제시하지만 현대인들은 이러한 긴급성을 쉽게 간과한다. "만물의 마지막이 가까이 왔으니 그러므로 너희는 정신을 차리고 근신하여 기도하라 무엇보다도 뜨겁게 서로 사랑할지니 사랑은 허다한 죄를 덮느니라."

이러한 긴급 의식은 영원한 전망을 갖는 데 도움이 된다. 이것은 우리가 이곳에서는 시간이 거의 없으나 우리가 하는 모든 것이 영원에 영향을 미친다는 것을 상기시켜 준다. 그러므로 이렇게 권고하는 것은 우리가 마음을 정결하게 하고 절제하여 기도할 수 있게 하기 위해서다. 우리는 기도할 때 시간을 창조하신 분, 우리가 영원을 함께 보낼 분과 대화한다. 우리와 다른 사람들을 그분에게로 이끈다. 하나님이 우리에게 서로 사랑하라고 말씀하시는 것은 우리가 시간을 아껴 함께 일해야 하기 때문이다. 시간적인 전망이 아니라 영원한 전망은 우리가 이 땅에서 우리의 마음이 끌리는 것에서 눈을 돌려 영원한 것을 바라보게 한다. 절제하지 못하고 사랑하지 못하면 우리가 할 일이 줄어들 뿐이며, 영원하며 우리와 함께 영원히 사실 분에 대한 이해가 줄어들 뿐이다.

영원한 전망을 갖고 살기

나는 자녀나 부모를 잃은 그리스도인들의 마음이 완전히 산산조각 나는 모습을 많이 보았다. 고통은 실재지만 위로는 그보다 훨씬 크다. 성령은 우리의 위로자이며, 천국은 살아 계신 하나님을 섬기는 자들의 것이다. 지켜보는 세상은 이렇게 말한다. "나는 예수님이 부활이요 생명이라고 생각했어. 그러나 이제는 그렇게 생각하지 않아. 그분이 슬픔에 쌓인 너에게 부활이요 생명이 되시는 것을 결코 보지 못했기 때문이야." 예수님은 자신을 믿는 자들에게서 영광을 받는다고 하셨다. 그러므로 예수님이 자신이 누구인가를 말씀하실 때 당신은 그분의 말씀이 진리인지, 그분을 믿고 세상이 당신의 삶을 통해 진리를 보게 할지를 결정해야 한다.

당신은 영원한 전망을 가지고 사는가? 다시 말해, 하나님의 말씀을 들었으며 그분을 믿기 때문에 그분의 말씀대로 사는가? 당신의 삶은 시간적 전망을 보여주는가 아니면 영원한 전망을 보여주는가? 당신은 다른 사람들을 어떻게 대하는가? 당신은 정말 고결하며 의로운가? 당신은 시간 속에서 사는 방식을 통해 영원한 진리가 역사하는 모습을 보여주는가?

당신은 예수님을 말하는가? 그렇다면 말하는 그대로 살아야 한다. 그렇지 않다면 당신은 사람들이 시간 속에서 영원에 관해 보아야 하는 것을 흐리게 할 수 있다. 예를 들면, 예수님은 용서하시는가? 예수님은 자신을 공격하는 자들이 완전히 잘못되었을 때도 용서하셨다. 예수님은 그렇게도 부당하게 비난받으실 때 자신을 정당화하셨는가? 당신과 나라면 바로 그렇게 하려 했을 것이다. 그러나 예수님은 부당하게 비난받으실 때도 이렇게 대답하셨다. "나는 염려할 게 없다. 나는 내가 누구이며 누구의 것인지 알고 있다. 그러므로 내게는 너희를 용서할 능력이 있다."

우리는 자신을 정당화하고 싶어하지만 예수님은 결코 자신을 정당화하지 않으셨다. 그분은 영원을 위해 사셨고 용서하며 사셨다. 예수님은 부당한 대우를 받으셨는가? 항상 그러셨다. 당신도 부당한 대우를 받을 때가 있는가? 물론이다. 부당하게 비난받는다면 어떻게 하겠는가? 변호사에게 찾아가고 증거를 있는 대로 수집하여 그 사람을 고소하겠는가? 예수님은 그렇게 하지 않으셨다. 그렇다면 지켜보는 세상은 예수님이 만들어내시는 차이를 어떻게 알며 예수님이 어떻게 용서하시는지 어떻게 아는가? 당신이 어떤 상황에서 세상처럼 행동하는 게 아니라 예수님처럼 행동한다면, 당신은 하나님의 길에 대한 증인이며 하나님께 영광을 돌릴 수 있을 것이다. 사람들이 "당신이 어떻게 그렇게 할 수 있는지 모르겠어요"라고 말할 때 당신은 이렇게 대답할 수 있다. "그 이유를 말씀드릴까요? 저의 주님은 용서하시는 분이기 때문입니다. 저는 완전히 부당한 취급을 받을 때도 그분의 능력으로 용서할 수 있습니다." 하나님이 그분의 백성을 변호하실 것인가? 물론이다. 하나님은 그분의 백성을 언제나 변호하시며 그들을 붙들어 주신다.

> 악인의 팔은 부러지나
> 의인은 여호와께서 붙드시는도다

(시 37:17)

하나님은 우리를 변호하실 때 우리가 조작할 수 있는 방법이 아니라 그분만의 방법으로 하신다. 하나님은 그분이 만들어내시는 차이를 세상이 알게 하실 것이며, 그분의 진리를 확증하여 우리의 충성에 보답하신다.

영원한 진리와 완전한 시간 제어

당신의 전망은 시간 속에 빠져 있는가? 그렇다면 당신은 하나님이 완전히 다스리시는 시간 속에서 영원을 위해 어떻게 행동하고 계시는지 보지 못할 수 있다. 어느 수요일 저녁 기도회 시간이었다. 교인들은 기도가 필요한 사람들의 명단을 작성했다. 우리는 우리가 기도해 주고 있는 사람들의 이름 뒤에 그에게 전화를 하거나 그를 직접 찾아갈 사람의 이름을 적어 넣었다. 그런데 어느 한 사람에 이르자 자원자가 아무도 없었다. 그는 하나님을 알지 못했으며 거친 성격과 좋지 못한 말투와 거대한 몸집으로 잘 알려져 있었다. 사람들은 그를 무서워했다.

예전에 그의 아내가 우리 교회에 다녔기 때문에 나는 그 사람을 알았다. 그를 처음 만난 것은 그의 아내가 교통사고로 병원에 있다는 전갈을 받고 밤중에 병원으로 달려갔을 때였다. 병원에 도착한 지 얼마 후 그의 아내는 숨을 거두었다. 남편은 충격에 휩싸였다. 그러나 그는 내게서 어떤 위로의 말도 들으려 하지 않은 채 병원을 떠났다.

　　장례식 때, 그는 무뚝뚝해 보였고 그 누구의 위로도 받으려 하지 않았다. 집으로 그를 찾아갔지만 그는 나를 전혀 반기지 않았다. 이제 거의 1년이 지났다. 누군가 그를 맡아야 했지만 그 누구도 자원해서 그를 찾아가려 하지 않았다. 그래서 내가 하겠다고 말했다.

　　차를 몰고 우리 집으로 가려면 그의 이동 주택을 지나가야 했다. 나는 차를 세우고, 그를 찾아가야 하는 문제를 두고 기도했다. 하나님은 그를 내 마음에 두셨으나 그는 내가 다시 찾아와 복음을 전하는 것을 반기지 않을 게 분명했다. 그가 살고 있는 트레일러에 이르렀을 때 불이 꺼져 있는 것을 보자 마음이 놓였다. 집에 불이 켜져 있다면 이것은 차를 세워야 한다는 하나님의 신호라고 확신했다. 반면에 어둠은 그 반대를 의미한다고 생각하고 싶었다.

　　백미러로 언뜻 보니 끝 쪽 창문에서 희미한 불빛이 새어나오는 게 보였다. 그 희미한 불빛을 하나님의 인도로 보아야 하는지를 고민하면서 차를 계속 몰았다. 그러다가 마침내 차를 돌렸다. 하나님이 불빛에 상관없이 내가 무엇을 하길 원하시는지 알기 때문이었다.

　　문을 두드리자 우락부락한 목소리가 들렸다. "누구요?" 난 누구인지 말하고 잠시 들어가도 되겠느냐고 물었다. 그는 잠시 기다리라고 했다. 잠시 후, 그가 문 쪽으로 걸어나오자 트레일러가 흔들렸다. 그는 키가 1미터 95센티에 몸무게는 140킬로그램이나 되는 거구였다. 그는 나에게 들어오라고 했고 나는 늦은 시간에 찾아와 죄송하다고 했다. 그러나 나는 그날 밤에 교인들이 그를 위해 기도했으며 하나님이 내게 잠시 들러보길 원하신다는 생각이 들었다고 했다.

그는 깜짝 놀란 표정을 하더니 울기 시작했다. 그는 울면서 말했다. "오늘이 결혼 기념일입니다. 하루 종일 혼자 지내면서 아내 생각을 하고 제가 아내를 얼마나 사랑하고 얼마나 그리워하는지 생각했습니다." 그는 하나님이 그를 아주 사랑하신다는 말을 아내가 자주 했다고 말했다. 그는 아내의 말을 하루 종일 생각하면서 하나님을 아는 방법을 가르쳐줄 사람을 보내달라고 하나님께 부탁했다고 했다.

그는 나를 쳐다보면서 말했다. "하나님이 오늘 밤에 목사님을 보내주셨군요. 제가 하나님을 찾을 수 있도록 도와주십시오! 저는 하나님을 위해서 살고 싶고, 죽어서 하나님이 계신 천국에서 아내와 함께 살고 싶습니다."

그날 밤 일은 우리 모두가 들어갈 영원과 그 영원을 어떻게 보낼 것인가라는 문제, 즉 이 땅에서 반드시 대답해야 하는 문제를 잘 설명해주는 하나의 예다. 마태복음 25장 34절을 생각해 보라. "그 때에 임금이 그 오른편에 있는 자들에게 이르시되 내 아버지께 복 받을 자들이여 나아와 창세로부터 너희를 위하여 예비된 나라를 상속받으라"(마 25:34). 하나님의 바람은 영원을 위해 우리를 준비시키는 것이다. 하나님은 우리가 그분과 함께 영원을 보내길 원하신다. 하나님 자신이 본성적으로 영원하시다. 그러므로 그분의 길은 영원하다.

> 영생은 한 인격체와의
> 관계다

하나님은 당신에게 영생을 주실 때 그분 자신을 주시며 당신이 그분과 관계를 맺으며 그분의 아들과 관계를 맺게 하신다. 요한복음 17장 3절은 이렇게 말한다. "영생은 곧 유일하신 참 하나님과 그가 보내신 자 예수 그리스도를 아는 것이니이다." 영생은 한 인격체와의 관계다.

진리로 번역되는 헬라어 명사 알레세이아(aletheia)는 거짓과 구별되는 진리, 즉 비실재나 모조품과 구별되는 실재(진짜)를 가리킨다. 예수님은 하나님의 완전한 진리의 체현(體現)이다. 예수님은 하나님의 말씀과 지혜의 화신(化身)이다. 요한은 이렇게 말했다. "말씀이 육신이 되어 우리 가운데 거하시매 우리가 그의 영광을 보니 아버지의 독생자의 영광이요 은혜와 진리가 충만하더라"(요 1:14). 예수님은 성육하신 하나님의 신뢰와 성실이다. 예수님의 성품과 가르침은 결함이 없다. 그분의 진리는 정확하고 일관되며 분명하다.

영원한 진리의 또 한 면은 부도덕을 초월하며 부도덕과 반대되는 도덕이다. 예수님은 이렇게 말씀하셨다. "그 정죄는 이것이니 곧 빛이 세상에 왔으되 사람들이 자기 행위가 악하므로 빛보다 어둠을 더 사랑한 것이니라 악을 행하는 자마다 빛을 미워하여 빛으로 오지 아니하나니 이는 그 행위가 드러날까 함이요 진리를 따르는 자는 빛으로 오나니 이는 그 행위가 하나님 안에서 행한 것임을 나타내려 함이라"(요 3:19-21).

사도 요한은 요한일서 1장 5-6절에서 이렇게 말했다. "우리가 그에게서 듣고 너희에게 전하는 소식은 이것이니 곧 하나님은 빛이시라 그에게는 어둠이 조금도 없으시다는 것이니라 만일 우리가 하나님과 사귐이 있다 하고 어둠에 행하면 거짓말을 하고 진리를 행하지 아니함이거니와." 하나님의 진리에는 죄의 어둠이 발붙일 자리가 없으며 하나님의 성품은 무엇이 옳은가를 가늠하는 기준을 제시한다. 하나님은 악한 것을 싫어하신다. 하나님의 영원한 목적이 세상에서 그분의 의로 악을 정복하고자 일하시는 모습에서 나타난다. 하나님의 실체는 영원한 진리요 빛이다. 우리는 하나님의 은혜로 영원히 그분과 관계를 맺을 수 있다. 예수님은 은혜와 진리가 충만하시며(요 1:4) 우리에게 은혜와 진리의 근원이시다(요 1:17).

예수님이 하나님의 영원한 진리, 곧 우리가 그분과 영원한 관계에서 접할 진리라는 것을 보여주는 가장 아름다운 표현이 있다. "내가 진실로 진실로 너희에게 이르노니 내 말을 듣고 또 나 보내신 이를 믿는 자는 영생을 얻었고 심판에 이르지 아니하나니 사망에서 생명으로 옮겼느니라"(요 5:24). 얼마나 놀라운 약속인가! 이것은 영원한 진리이신 분에게서 나오는 영원한 진리로, 영생에 관한 것이며 예수 그리스도와의 영원한 관계 속에서 접할 수 있는 것이다.

영원한 관계

나는 중국의 산동 대부흥에 관한 자료를 여러 해 동안 읽었다. 20세기 초 산동 대부흥은 남침례교 선교사들 사이에서 시작되었다. 이들은 내란 중에 중국 정부가 산동에 모은 서양인 가운데 다수를 차지했다. 많은 서양인이 선교사였는데 이들은 중국과 복음 전파 대상인 중국 사람들을 남겨두고 떠나길 싫어했다. 이들은 각자의 선교지에서 쫓겨나면서도 자신들을 포함해서 모든 중국 신자들 사이에 부흥이 일어나길 기도했다. 이들은 하나님의 영원한 진리에 반응했으며, 그 결과 이들과 하나님과의 관계는 더 깊어졌고, 모든 선교사가 추방되고 교회가 억압당한 후 중국에 더욱 복음이 깊이 전파되었다.

산동에 모여 하나님을 찾는 신자들 가운데 노르웨이 출신의 루터교 선교사이자 간호사가 있었다. 그녀의 이름은 마리에 먼슨(Marie Munson)이었다. 그녀는 만나는 모든 사람들에게 이렇게 물었다. "당신은 살아 계신 하나님의 성령으로 거듭났습니까?" 상대방이 "예, 저는 거듭났습니다"라고 대답하면 그녀는 상대방의 눈을 똑바로 쳐다보면서 이렇게 말하곤 했다. "그런 변화가 일어났다는 분명한 증거를 말씀해 주십시오."

그녀는 선교지에서 누구를 만나더라도 예외 없이 이렇게 했다고 기록되어 있다. 10년 동안 복음을 전파해온 중국인 전도자가 있었다. 마리에 먼슨은 그를 붙잡고 이렇게 물었다. "당신은 하나님의 성령으로 거듭났습니까?" 그는 이렇게 대답했다. "저는 복음을 전하고 있습니다. 10년이나 되었는걸요. 그 결과 사람들이 구원받았습니다." 마리에는 이렇게 말했다. "제 질문을 못 들으셨군요! 저는 당신이 하나님의 성령으로 거듭났느냐고 물었습니다." 그러자 전도자는 이렇게 대답했다. "저는 복음 전파자입니다."

> 이 사람들은 다 믿음을 따라 죽었으며 약속을 받지 못하였으되 그것들을 멀리서 보고 환영하며 또 땅에서는 외국인과 나그네임을 증언하였으니 그들이 이같이 말하는 것은 자기들이 본향 찾는 자임을 나타냄이라 그들이 나온 바 본향을 생각하였더라면 돌아갈 기회가 있었으려니와 그들이 이제는 더 나은 본향을 사모하니 곧 하늘에 있는 것이라 이러므로 하나님이 그들의 하나님이라 일컬음을 받으시기를 부끄러워하지 아니하시고 그들을 위하여 한 성을 예비하셨느니라
>
> (히 11:13-16)

마태복음 7장 22절에 보면, 어떤 사람들이 심판 때에 이와 비슷한 대답을 한다. 그래서 마리에는 전도자에게 다시 물었다. "당신이 살아 계신 하나님의 성령으로 거듭났다는 분명한 증거를 저에게 보여주실 수 있겠습니까?" 전도자는 화를 내며 자리를 떠났다. 그러나 다음 날, 전도자는 완전히 깨진 하나님의 종으로 다시 돌아왔다. "저는 당신의 질문에 화를 냈었습니다. 그러나 그 질문이 제 귓전을 떠나지 않았습니다. 어젯밤에 제 자신에게

물었습니다. '나는 살아 계신 하나님이 성령으로 거듭났는가? 내 삶에서 내가 거듭났다는 증거가 무엇인가?'"

전도자는 계속해서 말했다. "제 삶을 돌아보았습니다. 그런데 제가 보기에 당연히 있어야 할 것들이 하나도 없었습니다. 옛 것이 지나간 순간이 결코 없었습니다." 그는 작은 체구의 간호 선교사를 보며 말했다. "저는 어젯밤에 하나님께 부르짖었고 처음으로 살아 계신 하나님의 성령으로 거듭났습니다. 이제 저는 그분이 저의 주님이라는 것을 압니다." 그런 후에 그는 이렇게 말했다. "10년 동안 거짓 가면 속에 살면서 하나님의 백성의 후원과 헌금을 받았습니다. 이제 제가 한 것을 하나님의 백성에게 말하겠습니다. 지금부터 제 선교가 끝날 때까지 절대로 하나님의 백성에게서 한 푼도 받지 않겠습니다."

이 전도자는 하나님이 산동 부흥을 일으키실 때 중요한 역할을 했다. 거듭난 전도자를 통해 예수 그리스도를 믿은 사람이 그가 변화되지 못한 마음으로 진리를 전파할 때보다 열 배나 많았다. 이제 그는 영원한 길과 하나님의 진리와 영원한 관계를 맺게 되었다.

누구든지 그리스도와 연합하면 새로운 피조물이다. 옛 것은 지나갔으며 모든 것이 새로워졌다(고후 5:17). 이것이 누구든지 하나님과 관계를 맺을 때 하나님이 만들어내시는 영원한 차이다.

당신은 자신을 변화시킬 무엇인가를 줄기차게 찾았으나 삶에서 그것을 발견하지 못했는가? 혹은, 하나님이 다른 사람들을 변화시키는 것을 보면서 '하나님을 섬기는 것은 모임에 참석하는 게 전부가 아니겠지' 라고 자문했는가? 그렇다면 하늘의 대답은 이것이다. 물론이다! 예수 그리스도 안에 새 생명이 있다.

죄가 넘치는 곳에 하나님의 은혜가 더욱 넘친다는 사실을 기억하라. 에베소서 3장 16-19절은 머리의 지식이나 논쟁을 뛰어 넘어 살아 계신 하나님과 영원한 관계에 들어갈 사람을 기다리고 있는 관계를 묘사한다.

> 그의 영광의 풍성함을 따라 그의 성령으로 말미암아 너희 속사람을 능력으로 강건하게 하시오며 믿음으로 말미암아 그리스도께서 너희 마음에 계시게 하시옵고 너희가 사랑 가운데서 뿌리가 박히고 터가 굳어져서 능히 모든 성도와 함께 지식에 넘치는 그리스도의 사랑을 알고 그 너비와 길이와 높이와 깊이가 어떠함을 깨달아 하나님의 모든 충만하신 것으로 너희에게 충만하게 하시기를 구하노라
>
> (엡 3:16-19)

내가 기억하기로, 깊은 근심과 좌절과 외로움에 빠져 있을 때 하나님의 성령께서 내 안에서, 즉 그리스도께서 거하시는 곳에서 내게 힘을 주셨다. 나는 그분이 스스로 되겠다고 말씀하신 모든 것이 되시는 것을 보았다. 그분께 부르짖을 때, 영원하신 그분은 내가 구하거나 생각할 수 없는 것까지 행하셨다.

당신의 삶의 선택이
영원에 영향을 미친다

> 이에 예수께서 제자들에게 이르시되 누구든지 나를 따라오려거든 자기를 부인하고 자기 십자가를 지고 나를 따를 것이니라 누구든지 제 목숨을 구원하고자 하면 잃을 것이요 누구든지 나를 위하여 제 목숨을 잃으면 찾으리라 사람이 만일 온 천하를 얻고도 제 목숨을 잃으면 무엇이 유익하리요 사람이 무엇을 주고 제 목숨을 바꾸겠느냐 인자가 아버지의 영광으로 그 천사들과 함께 오리니 그 때에 각 사람이 행한 대로 갚으리라
>
> (마 16:24-27)

당신은 이미 이 구절을 잘 알고 있을 것이다. 그러나 이 구절을 영원한 것에 얼마나 철저히 적용했는가? 당신은 이 구절이 영원한 상급에 관한 것이라고 생각할 것이다. 그러나 당신의 모든 선택이 영원에 영향을 미친다. 예수님은 우리를 향한 아버지의 큰 사랑에 순종하여 십자가 고난을 당하셨다. 당신이 자신의 십자가를 질 때도 마찬가지다. 우리를 향한 하나님의 큰 사랑 때문에, 당신은 하나님께 자신을 기꺼이 내어드릴 것이다. 순종함으로, 심지어 목숨까지 버림으로, 당신과 자신을 희생하는 모든 신자는 하나님의 영원한 목적을 공유하여 생명을 얻을 것이다. 예수님이 제자들에게 자기를 부인하고 그분을 따라오라고 요구하시는 것도 바로 이 때문이다.

그렇지 않으면, 우리의 모든 선택은 하나님이 친히 본을 보여 의도하신 것이 아니라 우리의 이기심에 따라 이루어진다.

> 그가 아비의 마음을 자녀에게로 돌이키게 하고 자녀들의 마음을 그들의 아버지에게로 돌이키게 하리라
>
> (말 4:6)

자기 섬기기 대 vs 영원 섬기기

믿지 않는 몇몇 사마리아인에 대한 예수님의 태도는 자신을 섬기는 것과 영원을 섬기는 것의 차이를 극적으로 보여준다. 예수님은 지상 사역의 끝을 향해 예루살렘으로 돌아가실 때, 어느 사마리아 마을에 제자들을 앞서 보내 하룻밤 묵을 곳을 찾아보게 하셨다. 그러나 마을 사람들은 예수님이 예루살렘으로 향하는 것을 기뻐하지 않았으며 그분을 반기려 하지 않았다. 예수님의 제자인 야고보와 요한은 마을 사람들이 예수님에게 무례하게 행한 데 대한 보응을 받아야 한다고 생각했다. "제자 야고보와 요한이 이를 보고 이르되 주여 우리가 불을 명하여 하늘로부터 내려 저들을 멸하라 하기를 원하시나이까 예수께서 돌아보시며 꾸짖으시고 함께 다른 마을로

가시니라"(눅 9:54-56). 야고보와 요한은 하나님이 메시야를 배척한 무례한 사마리아인들을 멸할 능력을 자신들에게 주시리라고 생각했다. 그러나 예수님은 오히려 제자들을 꾸짖으셨으며, 그들을 환영하는 다른 마을로 가자고 하셨다. 사마리아인들에게 불이 내렸다면 제자들의 바람은 만족되었겠지만 하나님의 영원한 길은 만족되지 않았을 것이다.

얼마 후, 예루살렘 교회의 박해로 신자들이 흩어진 후, 사마리아 사람들은 하나님의 능력을 경험할 기회를 또 한 번 얻었다. 이번에는 그리스도의 제자들이 멸망의 위협이 아니라 생명을 가져다 주었다.

> 그 흩어진 사람들이 두루 다니며 복음의 말씀을 전할새 빌립이 사마리아 성에 내려가 그리스도를 백성에게 전파하니 무리가 빌립의 말도 듣고 행하는 표적도 보고 한마음으로 그가 하는 말을 따르더라 많은 사람에게 붙었던 더러운 귀신들이 크게 소리를 지르며 나가고 또 많은 중풍병자와 못 걷는 사람이 나으니 그 성에 큰 기쁨이 있더라
>
> (행 8:4-8)

사마리아인들에 대한 접근 가운데 어느 쪽이 영원을 위한 하나님의 바람을 잘 나타내는가? 야고보와 요한인가, 예수님인가? 야고보와 요한이 예수님이 여행 중에 받으신 대우가 부당하다고 한 것은 옳았다. 그러나 이들이 세상을 구속하시려는, 사마리아인들과 그리스도를 환대하려 하지 않는 자들까지 구속하시려는 하나님의 목적을 위협하려 한 것은 잘못이었다.

하나님의 섭리 복음은 사마리아에서도 번성하게 되었다. 다시 말하지만, 하나님의 영원한 길은 생명을 준다. 요한은 하나님이 한 때 그분을 거부했던 자들에게 하시는 일을 보는 복을 누렸다.

"예루살렘에 있는 사도들이 사마리아도 하나님의 말씀을 받았다 함을 듣고 베드로와 요한을 보내매 그들이 내려가서 그들을 위하여 성령 받기를 기도하니"(행 8:14–15).

영원한 결과

하나님의 영원한 목적을 위해 십자가를 진다는 것은 그리스도께서 자신을 배척하며 배척하려 하는 자들을 사랑하신 것처럼 서로를 사랑해야 한다는 뜻이다. 친숙한 구절 가운데 충분히 탐구되지 못한 또 하나의 구절은 로마서 10장 11-13절이다. "성경에 이르되 누구든지 그를 믿는 자는 부끄러움을 당하지 아니하리라 하니 유대인이나 헬라인이나 차별이 없음이라 한 분이신 주께서 모든 사람의 주가 되사 그를 부르는 모든 사람에게 부요하시도다 누구든지 주의 이름을 부르는 자는 구원을 받으리라."

형제를 사랑하지 못하면 하나님이 그 형제를 불러서 사명을 맡기고 싶어하실 때 그가 그분과 더 가까이 동행하지 못하고 그분에게서 등을 돌릴 수 있다. 형제를 사랑하지 못하거나 누군가를 사랑할 수 없는 사람으로 여기는 것은 그리스도의 희생을 조롱하는 것이다. 성경은 누구든지 주의 이름을 부르는 자는 구원을 얻으리라고 말한다(롬 10:9-10). 구원받은 자는 누구든지 그리스도 안에 있는 새로운 피조물이다. 구원받은 자는 누구든지 하나님의 자녀이며, 그리스도와 함께한 상속자다(롬 8:16-17). 그리스도를 배척했거나 무시했거나 회피한 사람들을 생각하는 순간은 우리 모두가 두렵고 떨리는 마음을 가질 수 있는 좋은 기회일 것이다. 그리스도 운동에서 자신을 위한 섬김이란 없기 때문이다.

> 전날에 너희가 빛을 받은 후에 고난의 큰 싸움을 견디어 낸 것을 생각하라 혹은 비방과 환난으로써 사람에게 구경거리가 되고 혹은 이런 형편에 있는 자들과 사귀는 자가 되었으니····너희에게 인내가 필요함은 너희가 하나님의 뜻을 행한 후에 약속하신 것을 받기 위함이라··· 우리는 뒤로 물러가 멸망할 자가 아니오 오직 영혼을 구원함에 이르는 믿음을 가진 자니라
>
> (히 10:32-33, 36, 39)

(영원한
영향

사도행전 8장은 마태복음 28장의 대위임의 영원한 영향을 말하면서 복음이 어떻게 전파되는지 묘사한다. "그런즉 그들이 믿지 아니하는 이를 어찌 부르리요 듣지도 못한 이를 어찌 믿으리요 전파하는 자가 없이 어찌 들으리요 보내심을 받지 아니하였으면 어찌 전파하리요 기록된 바 아름답도다 좋은 소식을 전하는 자들의 발이여 함과 같으니라"(롬 10:14-15).

하나님의 말씀은 영생의 길을 제시한다. 복음 전파는 다른 사람들에게 영생을 가져다 줄 뿐 아니라 영원에 영향을 미치는 핵심적인 행위이기도 하다. 복음 전파를 조금이라도 주저하는 것은 하나님이 영생에 관한 그분의 영원한 복음을 전하는 데 사용하길 원하시는 사람들을 제한하는 것이다.

영원한 화해

그리스도께서는 우리를 아버지와 영원히 화해시키러 오셨다. 아버지를 믿는 자들이 성령으로 하나되게 하는 그리스도의 영을 함께 가질 때 도 이러한 화해는 그리스도를 통해 이루어진다. 서로 화해(화목)하라는 아버지의 명령은 하나님이 그분의 백성의 삶에 영원히 영향을 미치실 수 있도록 그분의 백성이 그분과 관계를 맺게 만든다. 교회의 분열은 화해하라는 그리스도의 명령에 순종하길 거부하는 것이다. 교인들 간에 해결되지 않은 문제가 그대로 있다는 것은 함께 하나의 몸을 이루는 신자들이 서로 간의 관계를 무시한다는 것이다. "만일 한 지체가 고통을 받으면 모든 지체가 함께 고통을 받고 한 지체가 영광을 얻으면 모든 지체가 함께 즐거워하느니라" (고전 12:26).

교회 분열로 영원은 언제나 점점 더 큰 영향을 받는다. 한 사람이 선교나 사역에 소명을 느낀다면 그의 삶은 사람들에게 영향을 미칠 수 있으며, 하나님의 손길을 느끼는 사람들과 이들의 손길이 닿는 사람들도 다른 사람들에게 영향을 미친다. 신자들 간의 불화로 주의가 흐트러지거나 하나님의 소명을 듣지 못한다면 영원이 영향을 받는다.

영원 섬기기

많은 사람들이 자신의 행동을 따로 떼어놓고 본다. 하나님의 영원한 길에서 한 사람은 단지 한 사람이 아니다. 한 사람은 하나님이 한 사람의 헌신된 섬김의 삶을 통해 다가가시려는 많은 사람을 대표한다. 한 교단 전체가 하나님의 영원한 목적을 보지 못한다면 이들의 불순종은 점점 더 큰 영향을 미친다. 이들의 선택은 시간이 지나면서 영원에 어떤 영향을 미치게 될까?

　믿는 자들이, 하나님을 섬기는 일을 직업으로 선택한 사람이나, 이 일이 성격에 맞는 사람들의 전유물로 생각하거나, 개인적인 성취의 한 부분으로 생각할 때, 설령 영원이 섬김을 받지 못한다 하더라도 불순종이 허용될 수 있는 것처럼 보인다. 이럴 때 사람의 방법이 하나님의 방법을 대신한다. 하나님의 영원한 목적이 우리 자녀들을 어디로 인도하든 간에, 우리가 자녀들로 하여금 직업을 선택할 때 그분의 영원한 목적에 순종하는 것보다 안정을 우선시하도록 가르친다면, 이것은 하나님의 길을 반대하고 우리 자신의 길로 그분의 길을 대신하는 것이다. 하나님에 대한 부분적인 순종을 불순종으로 보지 못한다면 그분께 순종하더라도 어떻게 될지 알 수 없게 될 것이다.

하나님의 길

　하나님의 길은 우리의 길이 아니지만 하나님은 우리가 그분의 길을 알기를 원하신다. 우리가 그분의 길을 통해 빚어지고 변화될 수 있게 하기 위해서다(시 119:117-120). 하나님의 길에 관한 완벽한 예는 그분의 아들 우리 주 예수 그리스도다. 당신은 하나님의 목적이 당신을 그분의 아들의 형상과 일치하게 하는 것이라는 성경의 말을 믿지 않는가? 뿐만 아니라 하

210

나님이 그분의 성령을 우리 안에 두셔서 그분의 아들이 성령을 통해 우리 안에 거하실 수 있게 하셨다고 생각하지 않는가? 그렇게 생각한다면 예수 그리스도께서 당신을 통해 그분의 삶을 사시게 하라. 바울은 이렇게 말한다. "내가 그리스도와 함께 십자가에 못 박혔나니 그런즉 이제는 내가 사는 것이 아니요 오직 내 안에 그리스도께서 사시는 것이라 이제 내가 육체 가운데 사는 것은 나를 사랑하사 나를 위하여 자기 자신을 버리신 하나님의 아들을 믿는 믿음 안에서 사는 것이라"(갈 2:20).

하나님의 길을 아는 가장 확실한 방법은 그분의 아들과 그분의 성령과 그분의 말씀을 통해 그분을 개인적으로 아는 것이다. 그리스도께서 우리 안에 거하실 때, 우리는 하나님의 사랑의 길을, 하나님의 주권적인 길을, 그분의 거룩과 진리의 길을, 그분의 영원한 길을 이해할 수 있다. 하나님이 우리를 그분의 형상으로 변화시키실 때, 우리는 그분의 진리 안에서 행하며 그분의 목적을 섬길 수 있다.

시편 기자의 노래를 하나 인용하면서 하나님의 몇 가지 길에 대한 짧은 스케치와 신자들이 그 길을 따르도록 도우려는 나의 노력을 마무리하고자 한다.

여호와는 나의 분깃이시니
나는 주의 말씀을 지키리라 하였나이다
내가 전심으로 주께 간구하였사오니
주의 말씀대로 내게 은혜를 베푸소서

내가 내 행위를 생각하고

주의 증거들을 향하여 내 발길을 돌이켰사오며

주의 계명들을 지키기에 신속히 하고

지체하지 아니하였나이다

악인들의 줄이 내게 두루 얽혔을지라도

나는 주의 법을 잊지 아니하였나이다

내가 주의 의로운 규례들로 말미암아

밤중에 일어나 주께 감사하리이다

나는 주를 경외하는 모든 자들과

주의 법도들을 지키는 자들의 친구라

여호와여 주의 인자하심이 땅에 충만하였사오니

주의 율례들로 나를 가르치소서

(시 119:57-64)

생각해 보라
-기도해 보라

믿는 자들은 하나님이 항상 그들 주변에 있는 사람들의 영원을 다루신다는 증거를 본다. 하나님은 그리스도인들이 세상을 향해 증거하는 그분의 일을 그분과 함께 할 수 있도록 그분의 영원한 길과 전망을 나누라고 명령하신다(마 28:19-20). "만물의 마지막이 가까이 왔으니 그러므로 너희는 정신을 차리고 근신하여 기도하라 무엇보다도 뜨겁게 서로 사랑할지니 사랑은 허다한 죄를 덮느니라"(벧전 4:7-8).

● 우리의 행동이 하나님의 영원한 진리에 대한 우리의 믿음을 나타내는 순간이 있다. 우리는 이러한 순간에 우리의 충성을 가장 기본적인 수준에서 증명한다. 하나님의 반응은 무한하며 그분은 우리에게 그분의 영원한 길을 섬기고 증거하는 더 큰 기회를 주신다. 당신은 충성스럽게 사는가?

● 영원하신 하나님과의 영원한 관계는 주 예수 그리스도를 통해 가능하다. 당신은 다른 사람들에게 시간이나 영원에서 가장 중요한 문제를 얼마나 자주 이야기하는가? 당신의 삶에서 성령의 임재와 역사를 알아보기 위해 에베소서 3장 16절과 같은 성경적 잣대를 스스로에게 얼마나 자주 들이대는가? 여기에 관해 생각해 보라.

● 예수님은 베드로에게 그가 천국의 열쇠를 가졌다고 말씀하셨다(마 16:19). 그 열쇠는 진리이며, 모든 제자가 그 열쇠로 하는 일은 영원에 영향을 미친다. 하나님의 길을 걷지 않겠다는 것은 영원히 길을 잃는 것과 같다. 그리스도의 명령에 따르지 않는 것은 많은 사람들을 영원한 어둠과 영원한 지옥에 남겨두는 것과 같다. 여기에 관해 기도해 보라.

그룹 스터디 **가이드**

Group

Study

Guide

이 그룹 스터디 가이드는 두 가지로 되어 있다.
- 그룹 리더를 위한 아이디어
- 토론 주제

그룹 스터디를 계획하기 전에 책의 목차와 가이드를 읽어 보라.

그룹 리더를 위한 아이디어

누가? 「하나님의 길」을 이용한 소그룹 스터디는 성경 공부 모임, 리더 모임, 제자 모임, 기도 모임, 그리고 일대일 제자 훈련에 적합하다. 여기에 제시된 아이디어는 장년들을 위한 것이다.

언제? 당신 그룹에 편리한 시간에 모임을 가져라. 적어도 30분 간의 토의와 기도 시간을 가져라. 그러나 성령께서 모임 스케줄을 결정하시게 하라. 여기에 제시된 제안들은 뼈대를 제공하기 위한 것이다. 그룹원들의 관심과 필요를 잘 파악하라.

어디서? 모임 장소는 교회 · 가정 · 직장 · 레스토랑 등 토의와 기도에 적합한 곳이면 어디라도 좋다.

어떻게? 여기에 제시된 제안들을 사용하라. 모임을 하기 전에 그룹 리더가 해야 할 일이 있다.

- 그룹원 하나하나를 위해 기도하라.
- 모임 때 토의할 장(章)을 공부하라.
- 그룹원들을 격려하라.
- 지난 모임 때 나오지 못한 사람에게 연락하라.

하나님, 소그룹 인도자들에게 복을 주소서.

1장
하나님의 길은 우리의 길과 다르다

1 그룹원들과 함께 1장에 제시된 내용을 토대로 "하나님의 길은 우리의 길과 다르다"라는 1장 제목이 의미하는 바를 설명해 보라.

이사야 55장 6-11절을 소리내어 읽어 보라. 그런 후에 그룹원들이 이 단락이 각자에게 의미하는 바를 이야기하게 하라.

너희는 여호와를 만날 만한 때에 찾으라

가까이 계실 때에 그를 부르라

악인은 그의 길을, 불의한 자는 그의 생각을 버리고

여호와께로 돌아오라

그리하면 그가 긍휼히 여기시리라

우리 하나님께로 돌아오라 그가 너그럽게 용서하시리라

"왜냐하면" 내 생각이 너희의 생각과 다르며

내 길은 너희의 길과 다름이니라 여호와의 말씀이니라

이는 하늘이 땅보다 높음 같이 내 길은 너희의 길보다 높으며

내 생각은 너희의 생각보다 높으니라

이는 비와 눈이 하늘로부터 내려서

그리로 되돌아가지 아니하고

땅을 적셔 소출이 나게 하여

파종하는 자에게는 종자를 주며

먹는 자에게는 양식을 줌과 같이

내 입에서 나가는 말도 이와 같이 헛되이 내게로 되돌아오지 아니하고

나의 기뻐하는 뜻을 이루며 내가 보낸 일에 형통함이니라

(사 55:6-11)

2   하나님의 바람은 모든 신자가 그리스도를 더 닮아가도록 자라는 것이라는 점을 그룹원들에게 알려 주라(고후 3:18). 이를 위해서는 하나님의 길을 알고 실천해야 한다. 자원자가 있으면 지난 한 주 동안 자신의 길이 아

니라 하나님의 길을 어떻게 적용할 수 있었는지 나누게 하라.(예를 들면, 좋지 않은 소문을 퍼트리지 않았어요. 다른 사람들을 섬겼어요. 다른 사람들을 하나님이 사랑하시며, 구원하시려고 자기 아들을 희생하신 소중한 사람으로 보았어요.)

3   그룹원들과 함께 1장을 근거로 하나님의 길을 목록으로 작성해 보라. 목록의 내용이 어떻게 하면 각자의 삶에서 경건한 성품으로 나타날 수 있을지 토론해 보라.

4   1장의 "생각해 보라-기도해 보라"의 한 부분을 읽어 보라. "하나님이 당신에게 다른 사람의 약점을 보는 통찰력을 주실 때 그 통찰력은 비판을 위한 게 아니라 중보를 위한 것이다." 이 말은 하나님의 길을 어떻게 나타내는가? 토론해 보라.

5   하나님의 길이 각자의 삶에서 보다 분명하게 나타나기를 기도하면서 모임을 마무리하라.

2장
하나님의 길은 사랑이다

1 그룹원들이 모이기 전에 하나님이 그룹원 하나하나를 얼마나 사랑하시는지 생각해 보라. 당신은 하나님이 그들을 향한 사랑을 당신의 말과 행동을 통해 어떻게 증명하시게 했는가? 스스로에게 물어 보라. 그룹원 각자를 위해 기도하고, 그들 모두를 향한 하나님의 사랑과 불쌍히 여기시는 마음을 품게 해달라고 기도하라.

2 그룹원들 모두 누군가를 사랑하는 것은 무척 쉽지만 다른 사람을 참는 것은 너무나 어렵다는 사실을 경험했다는 것을 그룹원들에게 상기시켜 주라. 그리고 이렇게 물어 보라. "하나님의 사람이 사랑하는 것은 어떻게 다릅니까?" 다음 구절을 그룹원들에게 읽어 주라. "하나님이 세상을 이처럼 사랑하사 독생자를 주셨으니 이는 그를 믿는 자마다 멸망하지 않고 영생을 얻게 하려 하심이라"(요 3:16). 이렇게 물어 보라. "이 구절에 따르면, 하나님은 누구를 사랑하십니까?" 하나님이 이처럼 모두를 사랑하신다는 게 분명하다면, 이러한 사실이 신자인 우리 개개인에게 어떻게 영향을 미치는가? 함께 토론해 보라.

3 그룹원들에게 이렇게 말하라. "하나님은 상대방이 자신을 사랑하리

라는 확신이 전혀 없는데도 사랑하십니다. 하나님은 경건치 못한 자들까지 사랑하십니다." 다음 구절을 그룹원들에게 큰 소리로 읽어 주라. "우리가 아직 연약할 때에 기약대로 그리스도께서 경건치 않은 자를 위하여 죽으셨도다 의인을 위하여 죽는 자가 쉽지 않고 선인을 위하여 용감히 죽는 자가 혹 있거니와 우리가 아직 죄인 되었을 때에 그리스도께서 우리를 위하여 죽으심으로 하나님께서 우리에게 대한 자기의 사랑을 확증하셨느니"(롬 5:6-8). 하나님은 우리에게 희생적이며 무조건적인 사랑을 보여주셨다. 그렇다면 우리가 어떻게 그분처럼 사랑할 수 있는지 토론해 보라. 이러한 사랑은 하나님의 임재의 결과라는 것을 그룹원들에게 알려 주라. 그들이 받은 하나님의 사랑을 보여주도록 서로를 어떻게 격려할 수 있는지 물어 보라.

4 사랑으로, 하나님은 우리에게 순종을 명하신다. 아버지의 명령은 생명을 주기 때문이다. 어떻게 하나님의 명령이 우리에게 주어진 선물인가? 1장에 비춰볼 때, 어떻게 순종이 하나님의 사랑을 경험하는 데 도움이 되는가?

5 그룹원들이 어떻게 하면 하나님의 사랑의 길을 따라 살 수 있을지 알게 해달라고 적어도 몇 분 동안 조용히 기도하게 하라. 하나님의 사랑의 길을 신뢰하고 순종하겠다는 다짐의 기도로 마무리하라.

3장
하나님의 길은 주권적이다

1 왕이 당신을 불러 전군(全軍)의 지휘권을 맡겼다고 상상해 보라. 주권자는 이렇게 할 수 있다. 당신은 어떻게 주권자의 뜻을 분명하게 전달하겠는가?

이제 하나님이 신자 한 사람에게 하나님의 보살핌과 영향을 통해 사람들을 인도하여 그분을 섬기라는 소명을 주실 때 이것이 어떤 영향을 미칠 수 있을지 살펴 보라. 주권자 하나님은 모든 신자에게 그분을 섬기라고 요구하신다. 그렇다면 당신은 이러한 주권자 하나님이 신자 한 사람 한 사람에게 요구하시는 것이 무엇인지 아는가? 모든 신자는 하나님의 명령을 따르며 그분이 주위에 두신 사람들을 인도해야 할 책임이 있다. 3장을 다시 살펴보고 이러한 대략적인 생각들을 그룹원들과 나눠 보라.

2 이사야 50장 10-11절을 읽어 보라.

> 너희 중에 여호와를 경외하며
> 그의 종의 목소리를 청종하는 자가 누구냐
> 흑암 중에 행하여 빛이 없는 자라도

여호와의 이름을 의뢰하며

자기 하나님께 의지할지어다

보라 불을 피우고 횃불을 둘러 띤 자여

너희가 다 너희의 불꽃 가운데로 걸어가며

너희가 피운 횃불 가운데로 걸어갈지어다

너희가 내 손에서 얻을 것이 이것이라

너희가 고통이 있는 곳에 누우리라

(사 50:10-11)

자신이 어둠 가운데 있을 때 하나님이 빛을 주시리라 믿는 것과 자신을 믿고 스스로 빛이 되려는 것이 어떻게 다른지 토론해 보라.

3 그룹원들에게 말하라. "하나님이 모든 것의 통치자라면 우리는 삶을 얼마나 염려해야 합니까? 하나님이 주권자이기 때문에 우리가 하나님의 말씀을 순종하고 있다면 우리가 염려할 게 무엇입니까? 이것은 그 무엇도 어렵거나 두렵지 않다는 뜻입니까? 다니엘을 생각해 보십시오. 다니엘은 지혜로웠나요? 아니면 무모했나요?" 토론해 보라.

4 하나님이 주권자라는 사실을 아는 것이, 우리가 무엇을 어떻게 하나님께 드리냐에 어떠한 영향을 미치는가? 모든 것이 하나님의 것이라는 사실이 우리가 하나님의 것 가운데 얼마를 그분께 돌려 드리냐와 어떤 연관이

있는가? 그룹원들 가운데 한 사람의 설명을 들어 보라.

5   그룹원들이 서로를 위해 기도하며, 서로를 그룹원으로 허락하신 하나님께 감사하게 하라.

4장
하나님의 길은 거룩하다

1   모이기 전에 먼저 기도하면서 베드로전서 2장 9-10절을 읽어 보라. 그리고 이 말씀이 당신에게 어떤 의미가 있는지 묵상해 보라. "너희는 택하신 족속이요 왕 같은 제사장들이요 거룩한 나라요 그의 소유가 된 백성이니 이는 너희를 어두운 데서 불러 내어 그의 기이한 빛에 들어가게 하신 이의 아름다운 덕을 선포하게 하려 하심이라 너희가 전에는 백성이 아니더니 이제는 하나님의 백성이요." 이 구절을 그룹원들에게 읽어주고 다음 질문을 하라. "하나님의 백성이라는 게 무슨 뜻입니까? 하나님의 백성은 하나님의 거룩을 어떻게 나타냅니까?"

2   4장에서 필자는 이렇게 말했다. "하나님의 백성이 하나님과 바른 관

계에 있을 때, 하나님은 지켜보는 세상에 그분의 영광을 나타내실 수 있다."
그룹원들이 하나님이 지켜보는 세상에 그분의 영광을 나타내시는 것을 경험한 적이 있다면 나누게 하라.

3   알지 못하는 사람보다 아는 사람을 신뢰하는 게 더 쉽지 않은가? 긴급한 상황에서 전혀 모르는 사람이 생명을 살리는 도움을 당신에게 제안했을 때는 어떤가? 두 경우 모두에서, 친구나 전혀 모르는 사람은 당신을 돕기 위해 구별되었다. 이러한 환경과 신뢰의 문제가 우리의 초점을 좁혀 준다는 것을 그룹원들이 알게 하라. 하나님께 쓰임 받기 위해서 구별된 삶이 신자인 우리의 초점을 어떻게 좁혀 주며 이끌어 주는가? 서로 토론해 보라.

4   이렇게 물어 보라. "죄는 어떻게 거룩과 반대됩니까?" 이렇게 말하라. "죄와 거룩은 이렇게 다릅니다. 죄는 하나님을 거역하는 것이며 거룩은 하나님의 목적과 섬김을 위해 완전히 구별되는 것입니다. 모든 사람이 죄를 짓지만 신자들 속에는 그리스도께서 그분의 삶을 살고 계십니다." 이러한 삶이 우리의 현실이 되도록 그룹원들이 생각하며 기도하게 하라.

5   그룹원들 가운데 자원자로 하여금 그룹원 모두의 이름을 불러가며 보다 거룩한 삶을 위해 기도하게 하라. 그룹원들이 둘씩 짝을 지어 서로가 한 주 동안 하나님의 거룩의 길을 따르게 해 달라고 기도하는 것으로 모임을 마무리하라.

5장

하나님의 길은 진리다

1 그룹원들이 모이기 전에 두 사람을 미리 정해 하나님은 그분이 진리라는 것을 그들에게 어떻게 보여주셨는지 나눌 준비를 하게 하라. 이들이 각자의 경험과 관련된 성경구절을 제시하게 하라.

2 모일 때, 앞에서 부탁한 사람들이 각자의 경험과 성경구절을 나누게 하라. 나눔을 마치면 그룹원들에게 이렇게 말하라. "자유란 하나님이 진리라는 것을, 즉 그분은 의지하고 신뢰할만한 분이시며 자신이 하겠다고 말씀하신 모든 것을 그분의 시간에 그분의 방법으로 하신다는 것을 아는 데서 옵니다." 하나님에 대한 신뢰가 어떻게 자유를 가져오는가? 하나님이 참되다는 것을 아는 것이 하나님을 신뢰하는 것과 어떻게 다른가? 그룹원들에게 물어 보라.

3 그룹원들 가운데 중요한 메시지를 전해 본 경험이 있는 사람이 있느냐고 물어 보라. 자원자가 있다면 그의 경험을 나누게 하라. 다음 구절을 읽어 주라. "그러므로 우리가 그리스도를 대신하여 사신이 되어 하나님이 우리를 통하여 너희를 권면하시는 것 같이 그리스도를 대신하여 간청하노니 너희는 하나님과 화목하라"(고후 5:20). 그룹원들에게 물어 보라. "여러분이

수십억 원을 저축할 방법을 알고 있다면 그 정보를 다른 사람들에게 알리려 하지 않겠습니까? 하나님은 사람들을 자신에게로 이끄시기 위해 이미 그분의 성령을 세상에 두셨습니다. 그러나 하나님이 누군가에게 그 진리를 확증하고 그 사람이 그분을 신뢰하게 하는 데 여러분을 사용하실 수 있다면 어떻게 되겠습니까?" 함께 논의해 보라.

4   하나님은 진리 안에서 행하신다. 이 진리에는 그분이 우리를 사랑하시고, 완전하고 일관된 사랑으로 우리를 대하신다는 사실이 포함된다. 하나님이 당신 안에 거하신다면 당신은 어떻게 행동해야 하는가? 그분의 진리가 가정에서, 교회에서, 일터에서 당신을 통해 어떻게 나타날 수 있는가?

5   자신이 진리 안에서 행할 수 있도록 기도해주길 원하는 그룹원이 있는지 알아 보라. 기도 제목을 하나씩 내놓고 그룹원 가운데 자원자가 그 제목을 놓고 기도하는 것으로 모임을 마무리하라.

6장
하나님의 길은 영원하다

1 모임을 시작하기 전에 그룹원들과 함께 이사야 55장 8-9절을 찾아 읽어라.

> 내 생각이 너희의 생각과 다르며
> 내 길은 너희의 길과 다름이니라 여호와의 말씀이니라
> 이는 하늘이 땅보다 높음 같이
> 내 길은 너희의 길보다 높으며
> 내 생각은 너희의 생각보다 높음이니라

그룹원들에게 물어 보라. "하나님은 그분의 생각과 길에서 영원에 얼마나 관심을 갖고 계십니까?"

2 그룹원들이 각자의 행동이 하나님의 영원한 진리에 대한 각자의 믿음을 어떻게 나타내는지 이야기하게 하라. 그룹원들에게 진리에 기초한 그들의 행동이 진리이신 하나님에 대한 그들의 충성을 어떻게 입증하는지 물어 보라. 그룹원들이 토론하면서 생각을 한 데 모으게 하라. 그룹원들에게 하나님에 대한 그들의 충성이 영원에 어떻게 영향을 미치는지 물어 보라.

3	그룹원들에게 에베소서 3장 16절을 읽어 주라. "그의 영광의 풍성함을 따라 그의 성령으로 말미암아 너희 속사람을 능력으로 강건하게 하시오시며." 그룹원들에게 이렇게 말하라. "하나님의 능력은 영원합니다. 여러분의 삶에서 그분의 임재는 영원하신 분의 임재입니다. 하나님이 그분의 성령을 통해 여러분에게 힘을 주실 때 여러분 곁에 있는 사람에게 하나님의 능력이 얼마나 가까이 있습니까? 여러분이 증거하는 사람에게 하나님의 능력이 얼마나 가까이 있습니까?" 함께 토의해 보라.

4	마태복음 16장에서, 예수님은 베드로에게 그가 천국의 열쇠를 가졌다고 말씀하셨다. 그 열쇠는 진리며, 모든 제자가 그 열쇠로 하는 일은 영원에 영향을 미친다. 하나님의 길을 걷지 않겠다는 것은 영원히 길을 잃는 것과 같다. 그리스도의 명령에 따르지 않는 것은 많은 사람들을 영원한 어둠과 영원한 지옥에 남겨두는 것과 같다. 하나님이 그룹원들을 통해 무엇을 하실 수 있으며, 그 일이 영원에 어떻게 영향을 미칠 수 있는가? 그룹원들과 함께 토의해 보라.

5	하나님은 그룹원들이 그분의 길에 대해 알고 있는 지식을 어떻게 사용하실 것인가? 이 문제를 놓고 함께 구체적으로 기도하라. 하나님이 그룹원들을 통해 복을 베푸시도록 기도하라. 그룹원들의 머리를 숙이게 하고 히브리서 11장 32-38절을 읽어 주라. 그룹원들이 이 구절을 묵상하고 하나님이 그들에게 무엇을 요구하시든지 거기에 순종하며 살겠다는 다짐의 기도

를 하게 하라.

그룹원들에게 말하라. "우리는 하나님의 길이 세상의 길과 다르다는 것을 알고 있습니다. 사람은 언제나 시간과 자신의 바람을 알고 있습니다. 하나님은 시간의 제약을 받지 않으시며, 그분의 가장 큰 바람은 모든 사람을 자신에게로 이끄는 것입니다. 하나님은 그분의 목적에 우리를 사용하실 때 우리의 증거를 통해 자신을 다른 사람들에게 계시하실 것입니다. 하나님은 그분에게서 오는 풍성함을 통해서 뿐 아니라 그분이 우리에게 힘을 주어 견디게 하시는 고난을 통해서도 자신을 계시하실 것입니다. 모든 상황에서, 하나님께 대한 우리의 반응은 하나님이 세상을 사랑하신다는 것을 세상에 보여주는 증거입니다. 우리의 사랑과 신뢰로써, 상황이 어떻든 간에, 우리는 하나님이 그들의 사랑과 신뢰를 받기에 합당하신 분이라는 것을 보여줍니다."